백제의 와전예술

김 성 구

도서출판 주류성

백제의 와전예술

저   자 : 김 성 구
저 작 권 자 : (재) 백제문화개발연구원
발   행 : 도서출판 주류성
발 행 인 : 최 병 식
편 집 인 : 서 동 인
초판1쇄발행일 : 2004년 7월 30일
초판2쇄발행일 : 2008년 3월 7일
등 록 일 : 1992년 3월 19일 제 21-325호
주   소 : 서울특별시 서초구 서초동 1305-5 창람(蒼藍)빌딩

T E L : 02-3481-1024(대표전화)
F A X : 02-3482-0656
HOMEPAGE : www.juluesung.com / www.juluesung.co.kr
E - M A I L : juluesung@yahoo.co.kr

값 9,000원

잘못된 책은 교환해 드립니다.
ISBN 89-87096-40-8 93910

본 역사문고는 국사편찬위원회를 통한 국고보조금으로 진행되는
3개년 계획 출판사업입니다.

사진 1. 초화무늬수막새. 송파 풍납토성, 백제, 지름 13.0㎝, 국립중앙박물관

사진 2. 원무늬수막새. 송파 석촌동4호분, 백제, 지름 12.7㎝, 서울대학교박물관

사진 3. 연꽃무늬수막새, 공주 공산성, 백제, 지름 18.5cm, 국립공주박물관

사진 4. 연꽃무늬수막새, 공주 대통사지, 백제, 지름 13.5cm, 공주교육대학교박물관

사진 5. 연꽃무늬수막새. 부여 군수리절터, 백제, 지름 14.5㎝, 국립부여박물관

사진 6. 연꽃무늬수막새. 부여 관북리, 백제, 지름 13.2㎝, 국립중앙박물관

사진 7. 연꽃무늬수막새. 부여 금강사지. 백제. 지름 12.8cm. 국립부여박물관

사진 8. 연꽃무늬수막새. 부여 동남리. 백제. 지름 15.4cm. 국립부여박물관

사진 9. 연꽃무늬수막새. 익산 미륵사지, 백제, 지름 14.3cm, 국립전주박물관

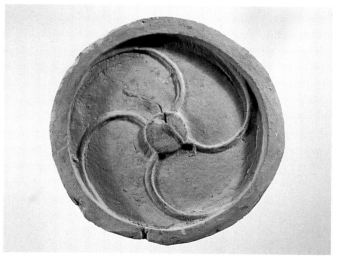

사진 10. 파무늬수막새. 공주 공산성, 백제, 지름 16.0cm, 국립공주박물관

사진 11. 민무늬수막새, 부여 부소산성, 백제, 지름 16.2cm, 국립부여박물관

사진 12. 녹유연꽃무늬연목기와, 익산 미륵사지, 백제, 지름 15.0cm, 국립전주박물관

사진 13. 귀면무늬부연기와,
부여 가탑리절터, 백제, 길이 10.2㎝,
국립부여박물관

사진 15. 연꽃무늬마루끝기와
부여 부소산절터, 백제, 길이 30.0cm,
국립부여박물관

사진 16. 연꽃무늬전돌
공주 무령왕릉, 백제, 길이 8.5.×8.0cm,
국립공주박물관

사진 18. 귀형무늬전돌
부여 외리유적, 백제,
길이 28.5×28.5cm,
국립부여박물관

사진 17. 산경무늬전돌
부여 외리유적, 백제, 길이 29.0×29.0cm, 국립부여박물관

사진 19. 봉황무늬전돌
부여 외리유적, 백제,
길이 28.5×28.5cm,
국립부여박물관

사진 21. 연꽃 · 인동무늬전돌
부여 군수리절터, 백제,
길이 28.0×14.0cm, 국립부여박물관

사진 20. 반룡무늬전돌
부여 외리유적, 백제,
길이 28.5×28.5cm,
국립중앙박물관

사진 22. 연꽃무늬전돌과 문자전돌
부여 정동리가마터, 백제,
길이 11.0×8.5cm,
국립부여박물관

사진 23. 부여
정암리가마터 모습
(B지구), 백제

사진 24.
청양 관현리가마 소성부
기와 부설 모습(백제)

백
제
의

와
전
예
술

차   례

25　✢　시작하는 글

29　✢　**와전의 분류**

29　✢　1. 기와류
32　✢　1) 수키와
34　✢　2) 암키와
35　✢　3) 수막새
37　✢　4) 끝암키와
38　✢　5) 연목기와
39　✢　6) 부연기와
40　✢　7) 적새
41　✢　8) 착고
41　✢　9) 부고
42　✢　10) 치미
43　✢　11) 마루끝기와
44　✢　12) 문자기와
45　✢　13) 특수기와

48 ⊹ 2. 전돌류
50 ⊹ 1) 묘전돌
51 ⊹ 2) 부전돌
52 ⊹ 3) 벽전돌
52 ⊹ 4) 특수전돌
53 ⊹ 5) 문자전돌

55 ⊹ **백제의 수막새**

56 ⊹ 1. 한성시기
57 ⊹ 1) 초화무늬수막새
58 ⊹ 2) 수목무늬수막새
59 ⊹ 3) 원무늬수막새
61 ⊹ 4) 능형무늬수막새
62 ⊹ 5) 연꽃무늬수막새

63 ⊹ 2. 웅진시기
65 ⊹ 1) 연꽃무늬수막새

차　례

77　✦　3. 사비시기
79　✦　1) 연꽃무늬수막새
123　✦　2) 파무늬수막새
124　✦　3) 민무늬수막새

127　✦　**백제의 문양전돌**

128　✦　1. 부전돌
128　✦　1) 연꽃무늬전돌

130　✦　2. 묘전돌
134　✦　1) 연꽃무늬전돌
136　✦　2) 연꽃 · 문살무늬전돌
137　✦　3) 문살무늬전돌
138　✦　4) 동전무늬전돌
139　✦　5) 동전 · 능격무늬전돌

139　✦　3. 벽전돌
142　✦　1) 산경무늬전돌
143　✦　2) 귀형무늬전돌

144 ÷ 3) 봉황무늬전돌
145 ÷ 4) 반룡무늬전돌
145 ÷ 5) 연꽃무늬전돌
146 ÷ 6) 와운무늬전돌

147 ÷ 4. 특수전돌
148 ÷ 1) 연꽃 · 인동무늬전돌
149 ÷ 2) 연꽃무늬전돌

149 ÷ 5. 문자전돌

153 ÷ **백제계통의 신라기와와 일본기와**

154 ÷ **1. 백제계 신라기와**
156 ÷ 1) 판단장식형
164 ÷ 2) 곡절소판형

166 ÷ **2. 백제계 일본기와**
167 ÷ 1) 판단장식형
181 ÷ 2) 곡절소판형

차 례

187 ÷ 가마터

190 ÷ 1. 부여 정동리가마터[井洞里窯址]
190 ÷ 1) A지구가마터
193 ÷ 2) B지구가마터
194 ÷ 3) C지구가마터

195 ÷ 2. 서천 금덕리가마터[金德里窯址]

196 ÷ 3. 청양 왕진리가마터[往津里窯址]
197 ÷ 1) A지구가마터
201 ÷ 2) B지구가마터

203 ÷ 4. 부여 정암리가마터[亭岩里窯址]
204 ÷ 1) A지구가마터
208 ÷ 2) B지구가마터
218 ÷ 3) C · D지구가마터

219 ÷ 5. 청양 관현리가마터[冠峴里窯址]

224 ÷ 6. 부여 현북리가마터[縣北里窯址]

225 ✣ 7. 부여 쌍북리가마터[雙北里窯址]

226 ✣ 8. 부여 동남리가마터[東南里窯址]

226 ✣ 9. 부여 동남리정림사가마터[東南里定林寺窯址]

227 ✣ 10. 기타 가마터

231 ✣ **맺는 글**

239 ✣ **참고문헌**

시작하는 글

　기와[瓦]는 질이 좋은 점토를 원료로 일정한 모양으로 만든 다음에 가마 속에서 높은 온도로 구워낸 건축부재이다. 원래 목조건물의 지붕에는 짚이나 갈대 그리고 나무껍질 같은 식물성 부재를 주로 이었으나 오래 견디지 못하고 자주 교체해야 되기 때문에 강도가 세고 방수나 방화 효과가 뛰어난 점토소성품(粘土燒成品)으로서 기와가 제작되어 사용되기에 이르렀다.

　목조건물에 기와를 사용하여 지붕을 잇는 풍습은 동양건축의 주요한 특색의 하나가 되고 있지만, 그 기원은 다른 고대사와 마찬가지로 쉽게 규명되지 않고 있다. 중국의 옛 책인 『광운(廣韻)』의 고사고(古史考)에 하시곤오씨작와(夏時昆吾氏作瓦)라는 기록이 있고 약 3000년 전 중국의 주대(周代)에 기와가 매우 성행했던 점을 통하여 이의 기원을 어느 정도 추정할 수 있게 되었다.

　그리고 우리나라의 기와집의 역사도 아직 명확하게 밝혀지지 않고 있다. 한반도에 기와가 처음으로 들어오게 된 것은 중국 한(漢)의 무제(武

帝)가 위만조선(衛滿朝鮮)을 멸망(서기전 108년)시키고 한사군(漢四郡)을 설치한 기원전 2~1세기경이라고 할 수 있는데, 이 때를 전후하여 한반도의 북부지방에 목조기와집의 건축술이 새로 등장한 것으로 생각되고 있다.

우리나라의 기와는 그동안 각 시대와 지역에 따라 다양하게 변천되어 왔다. 삼국시대에는 고구려·백제·신라의 삼국으로 나누어져 각각 특색있게 전개되었으나 통일신라시대에 이르러 폭넓은 복합과정을 거치게 됨으로써 동아고와사(東亞古瓦史)에 있어서 가장 화려하고 세련된 기와문화를 완성시킬 수 있었다. 그러나 고려시대를 지나고 조선시대에 들어와서는 전통적인 기와의 형태가 점차 변형되고 그 제작수법도 퇴락의 기미를 보이기 시작했는데, 조선 말기에 이르러 전통적인 기와 제작술의 단절과 함께 우리의 고유기와가 점차 자취를 감추게 되어 그 맥을 오늘에 잇지 못하게 되었다.

기와는 여러 가지 기능과 장점을 지니고 있다. 주요한 기능으로는 방수성과 방화성 그리고 내구성(耐久性)과 경제성 등을 꼽을 수 있다. 그리고 여러 종류의 마루기와와 서까래기와 및 막새[瓦當] 등을 통하여 건물의 곡선과 경관을 돋보이게 하는 미관성(美觀性)과 함께 길상과 벽사(辟邪)를 의미하는 상징성을 지니고 있다. 따라서 기와는 단순한 건축부재가 아니라 목조건축에 큰 변혁을 끼쳐 기와집이라는 말과 함께 독특한 건축의 아름다움을 잘 보여주고 있는데, 전돌과 함께 와전공예(瓦塼工藝)라는 높은 예술적 가치를 부여받고 있다.

전돌[塼]은 기와와 같이 점토로 성형되어 가마 속에서 높은 온도로 구워 만든 건축용재이다. 중국에서는 묘의 축조용으로 전국시대(戰國時代)에 공심전(空心塼)이 제작되기 시작하여 서한시대(西漢時代)에 매우 성행하게 되었다. 그리고 동한시대(東漢時代)부터 전실분(塼室墳)을 쌓기 위한 화상전(畵像塼)과 지상의 건축물에 사용되는 방형(方形)의 전돌이 제작된 것으로 알려지고 있다. 따라서 전돌의 기원도 중국에서 비롯되었고 한반도에 들어온 경위도 기와의 유입과 거의 일치하고 있다.

전돌은 높은 온도로 구워져 내구력이 강하고 방화성이나 방한성이 뛰어나 여러 가지 경제적인 이점을 갖추고 있다. 그리고 목재나 석재가 지니고 있는 미비점을 보완해 줄 수 있고 그 모양을 쉽게 바꿀 수 있는 가변성과 함께 여러 가지 무늬가 새겨진 장식성을 지니고 있다. 따라서 전돌의 사용은 독특한 조형적인 특성을 잘 발휘할 수가 있어서 우리나라의 건축문화의 발달에 크게 기여하였다.

와전의 분류

　기와는 지붕에 사용되는 위치에 따라 그 모양이나 명칭이 서로 다르고 종류도 매우 다양하다. 그리고 전돌도 그 사용처와 형태 그리고 전돌에 새겨진 무늬에 따라 여러 가지로 분류되고 있다.

　고대에 있어서 와전(瓦塼)의 생산은 대부분이 궁전이나 사원건축 그리고 산성 등의 국가적인 조영사업의 일환으로 이루어졌다. 백제의 와전은 한성시기부터 제작되기 시작했는데 사비시기에 이르러 활발한 조영사업이 이루어져 크게 발전하게 된다.

1. 기와의 분류

　우리나라의 기와는 사용처와 형태에 따라 그 모양이나 명칭이 다르고 종류도 다양하다. 우리나라에서는 삼국시대부터 기와가 본격적으로 제작되어 조선시대까지 많은 변천을 겪으면서 발전하게 되는데, 각 시대에 따라 기와의 종류와 그 사용처도 차이를 보이고 있다. 삼국시대에는

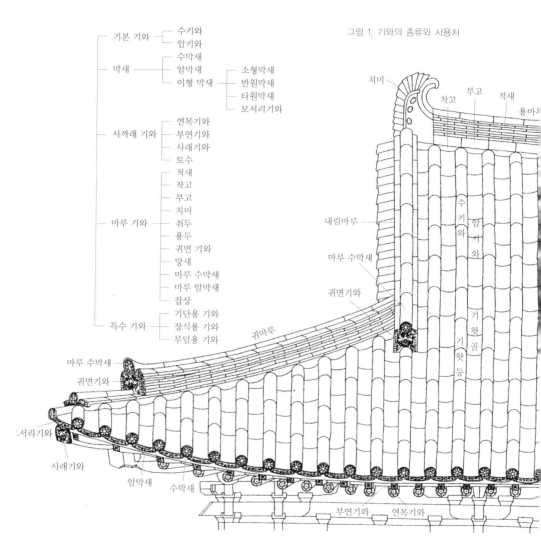

그림 1. 기와의 종류와 사용처

기본 기와 ─┬─ 수키와
           └─ 암키와

막새 ─┬─ 수막새
      ├─ 암막새
      └─ 이형 막새 ─┬─ 소형막새
                    ├─ 반원막새
                    ├─ 타원막새
                    └─ 모서리기와

서까래 기와 ─┬─ 연목기와
             ├─ 부연기와
             ├─ 사래기와
             └─ 토수

마루 기와 ─┬─ 적새
           ├─ 착고
           ├─ 부고
           ├─ 치미
           ├─ 취두
           ├─ 용두
           ├─ 귀면 기와
           ├─ 망새
           ├─ 마루 수막새
           ├─ 마루 암막새
           └─ 잡상

특수 기와 ─┬─ 기단용 기와
           ├─ 장식용 기와
           └─ 무덤용 기와

치미   착고   부고   적새   용마루

내림마루

마루 수막새

귀면기와

수키와   암키와   기와골   기와등

귀마루

마루 수막새

귀면기와

서리기와

사래기와

암막새   수막새   부연기와   연목기와

기본기와인 암·수키와를 비롯하여 수막새와 연목기와 그리고 약간의 마루기와와 문자기와·특수기와 등이 제작되어 사용되었다. 그리고 통일신라시대에는 삼국시대에 거의 제작되지 않았던 타원막새와 암막새, 모서리기와와 마루암·수막새 그리고 귀면기와 등의 다양한 기와류가 제작되어 화려하고 세련된 기와문화를 이룩할 수가 있었다. 그런데 고려시대를 지나고 조선시대에 이르러 기와는 많은 변화를 거치는데, 이형막새와 서까래기와가 제작되지 않고 치미(鴟尾) 대신에 취두(鷲頭)가 나타나며, 용두(龍頭)·망새[望瓦]·잡상(雜像) 등의 새로운 기와류가 제작되게 된다(그림 1).

백제의 기와는 기본기와인 암·수키와가 가장 많은 수량을 차지하고 있다. 기본기와는 목조건물의 지붕에 이어져 기왓등과 기왓골을 형성하여 눈과 빗물의 침수를 방지하기 위하여 사용되는 기와로 가장 보편적이고 일반화된 기와라고 할 수 있다.

그리고 연꽃무늬[蓮花文]가 새겨진 수막새와 서까래기와가 백제기와의 특성을 가장 잘 나타내주고 있다. 이 밖에 암막새의 선행형식인 끝암키와와 용마루의 양쪽 끝에 얹혀지는 치미, 각 마루를 쌓아 올리거나 마루 끝에 사용되는 적새와 부고, 그리고 마루끝기와 등이 있다.

백제의 기와 가운데 한성시기(漢城時期)에는 기본기와인 암·수키와와 수막새의 사용에 한정된 듯하며 사비시기(泗沘時期)에 이르러 활발한 조와활동(造瓦活動)을 전개하면서 여러 종류의 기와가 함께 제작되어 사용된 것으로 생각되고 있다. 백제의 기와는 백제기와의 분류(표 1)

표 1. 백제기와의 분류

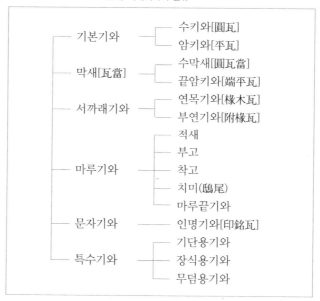

기본기와 ─── 수키와[圓瓦]
          └── 암키와[平瓦]

막새[瓦當] ─── 수막새[圓瓦當]
           └── 끝암키와[端平瓦]

서까래기와 ─── 연목기와[椽木瓦]
            └── 부연기와[附椽瓦]

마루기와 ─── 적새
          ├── 부고
          ├── 착고
          ├── 치미(鴟尾)
          └── 마루끝기와

문자기와 ─── 인명기와[印銘瓦]

특수기와 ─── 기단용기와
          ├── 장식용기와
          └── 무덤용기와

와 같이 기본기와 · 막새 · 서까래기와 · 마루기와 · 문자기와 · 특수기와 등 6개 부분으로 크게 분류되고 있는데 이를 세분하면 그 종류가 15종에 이른다.

1) 수키와

반원통형의 기와로 기와제작틀인 모골(模骨)에서 성형된 원통기와를 두쪽으로 나누어 제작하게 된다. 수키와는 목조건물의 지붕바닥에 이

사진 25. 무단식수키와와 이면(오른쪽),
부여 능산리절터

사진 26. 유단식수키와와 이면(오른쪽),
부여 능산리절터

어진 두 암키와 사이에 얹혀져 기왓등을 형성하게 된다.

　수키와는 기와의 한쪽 지름이 다른쪽 지름보다 약간 크거나 작은 토시모양의 무단식(無段式, 사진 25)과, 기와의 한쪽 끝에 '언강'이라고 부르는 낮은 단이 있어 미구가 내밀고 있는 유단식(有段式, 사진 26)의 두 형태로 구분되고 있다. 그런데 무단식수키와와 유단식수키와를 간혹 토수기와와 미구기와로 부르기도 하는데 미구기와는 미구가 유단식수키와의 한 부분에 지나지 않아 적합하지 않은 명칭이라고 할 수 있다. 수키와는 미구 앞에 빗물이 새는 것을 막는 절수홈이 파여 있는 경우가 있다. 그리고 기와의 흔들림이나 낙하를 막기 위한 못구멍이 수키와의 한쪽 끝에 뚫려 있기도 한다.

　백제의 수키와 표면에는 문살[格子]·삿자리[繩蓆文]·선조(線條) 등의 고판무늬[叩板文]가 타흔되고 있는데 민무늬인 것도 있다. 한성시기

에는 민무늬인 수키와가 대부분이며, 웅진시기에는 삿자리무늬가, 사
비시기에는 선조무늬가 많이 타흔되고 있어서 시대별로 약간씩 차이를
보이고 있다. 그리고 수키와의 이면에는 제작 당시에 남겨진 포목흔적
이 있다.

암·수키와의 명칭은 음양의 상대적인 역할의 차이에서 비롯되었는
데 기와지붕에 형성된 기왓골과 기왓등의 기능적인 차이에서 연유된
것임을 쉽게 알 수 있다. 예부터 수키와는 남와(男瓦)·웅와(雄瓦)·부
와(夫瓦) 등으로 불리웠다. 그런데 요즈음에는 수키와를 그 형태에 따
라 원와(圓瓦)·환와(丸瓦) 등으로 부르기도 한다.

2) 암키와

네모난 판(板) 모양의 기와로 기와제작틀인 모골에서 성형된 커다란
원통기와를 4등분하여 제작하게 된다. 그런데 백제의 암키와 이면(裏
面)에는 제작 당시에 남겨진 포목흔적과 함께 모골을 구성하는 판재(板
材)의 이음새인 모골흔적이 남게 되어 당시의 제작기법을 살필 수가 있
다. 암키와는 지붕바닥에 이면을 밖으로 향하도록 이어져 기왓골을 형
성하게 된다.(사진 27)

백제의 암키와 표면에는 수키와와 같이 문살·삿자리·선조 등의 여
러 가지 고판무늬가 타흔되고 있는데 민무늬인 것도 있다. 한성시기에
는 문살무늬가 타흔된 것과 민무늬인 것이 많은 편이다. 웅진시기와 사
비시기는 수키와와 같이 삿자리와 선조가 시기를 달리하여 매우 성행

사진 27. 암키와(왼쪽)와
이면(오른쪽),
부여 능산리절터

하고 있음을 알 수 있다.

암키와는 그 명칭이 수키와와 대비되어 사용되고 있는데, 예부터 그 명칭이 여와(女瓦)·자와(雌瓦) 등으로 불리었다. 요즈음에는 암키와의 형태와 쓰임새에 따라 평와(平瓦)·평기와·골기와·바닥기와 등으로 부르기도 한다.

3) 수막새

막새[瓦當]는 암·수키와의 한쪽 끝에 문양을 새긴 드림새를 덧붙여 제작한 것으로, 목조건물의 처마 끝에 사용된다. 막새는 수막새[圓瓦當], 암막새[平瓦當] 그리고 이형막새[異形瓦當] 등으로 구분되고 있는데 백제시대에는 수막새가 제작되어 사용되었다.

막새는 여러 가지 문양이 새겨진 목제 또는 도제(陶製)의 와당범에서 찍어내 암·수키와의 한쪽 끝에 부착한 것으로 대표적인 무늬기와이다. 그런데 막새는 각 시대와 지역에 따라 문양이 다채롭고 그 제작수

사진 28. 연꽃무늬수막새, 부여 능산리절터

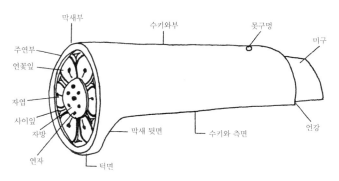

막새부   수키와부   못구멍   미구

주연부
연꽃잎
자엽
사이잎
자방
연자

막새 뒷면   수키와 측면   언강

턱면

그림 2. 수막새 부분 명칭도

법도 다양하여 당시의 문화 연구에 좋은 자료가 되고 있다.(사진 28)

　수막새는 수키와의 한쪽 끝에 원형의 드림새를 덧붙여 제작한 것으로 목조건물의 지붕에 이어져 형성된 기왓등 끝에 사용된다. 수막새는 막새와 수키와의 두 부분으로 이루어져 있다(그림 2). 막새는 외측에 둥근 주연(周緣)이 있고 내측에 여러 가지 문양이 배치되어 있는데, 중심

부에는 작은 자방(子房)이 있고 연자(蓮子)가 놓여 있다. 백제를 비롯한 삼국시대에 제작된 수막새의 주연은 무늬가 새겨지지 않는 소문대(素文帶)가 대부분이나, 통일신라 이후에 제작된 수막새의 주연에는 주문(珠文)이나 꽃무늬가 새겨져 시기적인 차이를 보여주고 있다.

백제의 수막새는 한성시기부터 제작되기 시작하였다. 수막새에 장식된 문양으로는 초화무늬[草花文]·원무늬[圓文]·능형무늬·연꽃무늬·파무늬[巴文] 등 다채로운데 연꽃무늬가 주체적인 시문단위로 채용되고 있다.

4) 끝암키와

암키와의 한쪽 끝에 무늬를 새긴 것으로, 지붕 위에 형성된 기왓골 끝에 사용된다. 끝암키와[端平瓦]는 암키와를 약간 두껍게 제작하여 그 앞쪽에 간략한 무늬를 새긴 것으로 암막새[平瓦當]의 시원 형식으로 간주되고 있다. 그런데 끝암키와는 암막새와 달리 별도로 막새부분을 제작하여 암키와 끝에 부착한 것이 아니기 때문에 암막새와 구별되어 분류하고 있다.

부여의 군수리절터[軍守里寺址]에서 출토한 끝암키와(사진 29)는 앞쪽에 선을 옆으로 긋고 손끝으로 누른 듯한 지두무늬[指頭文]가 연속하여 음각되어 있다. 그런데 이와 같은 끝암키와는 출토의 사례가 소수에 지나지 않아 약간씩 제작된 것으로 보고 있다.

사진 29. 끝암키와.
부여 군수리절터

5) 연목기와

처마 밑에 있는 둥근 서까래인 연목(椽木)에 부착되는 기와로 서까래의 부식을 방지하고 이의 치장을 위하여 사용된다. 연목기와는 원형상으로 그 모양이 수막새형으로 제작되고 있는데, 뒷면에 수키와가 부착되어 있지 않고 그 중심부에 못을 박아 고정시킬 수 있는 못구멍이 뚫려 있다.

연목기와는 삼국시대부터 제작되어 사용되었는데 특히 백제에서 매우 성행하였다. 백제의 연목기와는 사비에 천도한 이후인 6세기 중반경부터 제작되기 시작했는데, 그 모습이 수막새의 형태와 비슷하지만 막새의 주연부(周緣部)가 생략되고 자방(子房)의 중심에 못구멍이 원형 또는 방형으로 뚫려 있다. 연목기와에는 모두 연꽃무늬가 새겨지고 있는데 그 당시에 유행한 수막새에 장식된 연꽃무늬와 별다른 차이가 없으며 꽃잎의 형식변화도 서로 유사함을 살필 수가 있다.

부여 군수리절터에서 출토한 연목기와(사진 30)는 주연부가 생략된 채 8엽의 연꽃무늬가 장식되고 있는데 각 꽃잎 끝에는 삼각돌기식(三

사진 30. 연목기와, 부여 군수리절터

角突起式)의 반전수법이 나타나고 있다. 자방은 둥근 원권을 두른 채 4과(顆)의 연자(蓮子)를 배치하고 있는데 그 중심은 방형의 못구멍이 있다. 그런데 이와 같은 연목기와는 연꽃무늬의 꽃잎 수가 8엽에서 10엽 이상으로 많아지고 자방의 외측에 꽃술대가 들어가고 연꽃잎 안에 자엽(子葉)이 첨가되면서 점차 장식성을 띠기 시작한다.

익산 미륵사지(彌勒寺址)에서 출토한 녹유연목기와(사진 12)는 삼국시대의 기와 가운데 유일하게 녹유(綠釉)를 발라 제작한 기와로서 수작(秀作)이라고 할 수 있다. 주연부가 없는 원형의 기와로 7엽의 연꽃무늬가 새겨져 있는데 꽃잎 안에는 좌우로 대생(對生)한 인동무늬자엽이 정교하게 배치되고 있다. 익산 미륵사는 무왕(武王) 대인 7세기 전반경에 창건된 백제의 대표적인 사원으로 거대한 가람터와 녹유연목기와를 통하여 당시의 장엄한 사원건축을 어느 정도 짐작할 수가 있다.

6) 부연기와

네모난 서까래인 부연(附椽)에 부착되는 기와로 부식을 방지하고 이의 치장을 위하여 사용된다. 백제의 부연기와는 한두 예에 불과한데 그 모습이 네모난 방형(方形)으로 중심부에는 못구멍이 뚫려 있다.

백제의 부연기와는 부여의 금성산 남쪽기슭에 위치한 가탑리절터[佳塔里寺址]에서 출토하였다(사진 13). 네 변의 길이가 10㎝ 가량인 조그만 기와로 귀면무늬[鬼面文]가 새겨져 있으며 그 중심인 콧잔등에는 네모난 못구멍이 뚫려 있다. 그런데 부연기와는 날카로운 송곳니를 드러낸 채 서기(瑞氣)를 내뿜고 있는 무서운 동물의 얼굴모습을 하고 있고 유난히 두 눈과 이마가 높게 돌출되어 이채롭다.

7) 적새

목조건물의 각 마루를 축조하는데 사용되는 기와이다. 착고·부고와 같이 각 마루를 쌓아올리는데 사용되는 마루축조용기와로 목조건물의 위용과 미관을 돋보이게 한다.

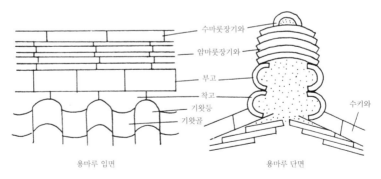

그림 3. 용마루의 여러 기와

적새[積瓦]는 대개 암키와를 반쪽으로 길게 나누어 사용하거나 원형 그대로를 이용한다. 적새는 암마룻장 또는 암마루장기와라고도 부르고 있다. 암키와의 이면을 밑으로 하여 여러 겹으로 층을 이루면서 두껍게 쌓아올리는데 그 사이에는 진흙을 얇게 깔고 있다. 그런데 마루의 상단에는 대개 완형의 수키와를 얹는데, 이 수키와를 수마룻장 또는 수마룻장기와라고 부른다(그림 3).

8) 착고

착고(着固)는 적새나 부고 밑의 기왓골을 막음하는 기와로 수키와의 양쪽을 적당하게 절단하여 사용하고 있다. 암·수키와를 지붕에 이으면 각 마루에 연결되는 부분인 기왓골 상단에는 약간의 공간이 생기게 되는데, 이를 막는 기와를 착고 또는 착고막이라고 한다.

착고는 수키와로 소성되기 이전의 날기와[生瓦]를 알맞게 절단하여 제작하는 경우도 있는데, 백제의 착고는 소성된 수키와를 절단하여 사용한 것으로 보인다.

9) 부고

착고 위에 잇대어 옆으로 얹는 기와로 완형의 수키와를 사용한다. 작은 목조건물의 마루에는 부고가 사용되지 않고 적새를 곧바로 얹고 있다. 그러나 규모가 큰 건물에는 마루를 높게 하고 그 미관을 돋보이게 하기 위하여 부고를 사용하고 그 위에 적새를 얹는다.

백제시대의 목조건물의 마루에 부고가 사용되었는지는 아직 확인되지 않고 있다. 그러나 마루장식용인 치미와 마루끝기와의 예를 통하여 백제시대에 부고가 제작되어 사용되었을 것으로 간주되고 있다.

10) 치미

용마루의 양쪽 끝에 사용되는 마루장식용의 큰 기와이다. 치미(鴟尾)는 대개 밑부분이 용마루 위에 얹을 수 있도록 반원형의 홈이 파여 있다. 그리고 측면에는 몸통과 깃부분을 구획하기 위하여 굵은 돌대(突帶)가 있고, 그 안쪽에는 가는 선(線)이나 변형된 꽃무늬를 배치하고 있으며, 바깥쪽에는 날개깃이 충단을 이루고 있다. 그리고 치미의 앞면은 굴곡된 능골(稜骨)이 반전되어 전체적으로 솟아오르는 듯한 특이한 모습을 하고 있다.

치미의 기원에 대해서는 여러 가지 견해가 있으나 길상과 벽사(辟邪)의 상징인 봉황에서 비롯된 것으로서 중국의 한나라 때는 반우(反羽), 진(晉)나라 때는 치미, 통일신라 때는 누미(樓尾) 등으로 불렀다.

백제의 치미는 몇 예가 알려지고 있는데 부여의 부소산절터(사진 14)와 익산의 미륵사지(彌勒寺址)에서 출토된 치미가 있다. 부소산절터에서 출토된 치미는 파손품을 복원한 것인데 그 높이가 91.5cm 내외이다. 치미의 하단부 양쪽에는 용마루에 얹을 수 있도록 홈이 파여 있으며 앞면은 능골이 굽어 있고 측면은 날개깃이 충단을 이루고 있다. 그런데 치미의 뒷면에는 8엽의 연꽃무늬가 배치되고 있으며 7세기 초반경에

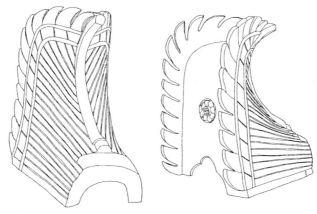

그림 4. 치미복원도(부여 부소산절터)

유행한 막새형식을 보이고 있다(그림 4).

11) 마루끝기와

목조건물의 내림마루 끝이나 귀마루 끝에 사용되는 마루장식용기와
이다. 백제의 마루끝기와는 석제(石製)와 토제(土製)가 있는데 연꽃무
늬나 4엽꽃무늬[四葉花文] 그리고 귀면무늬[鬼面文] 등이 배치되고 있
다. 그런데 통일신라시대부터는 마루끝기와에 연꽃무늬 대신에 귀면무
늬가 대부분 새겨져 크게 성행하게 되며 그 명칭도 귀면기와로 바뀌어
달리 부르기도 한다.

부여의 부소산절터[扶蘇山廢寺]에서 출토된 마루끝기와(사진 15)는

석제로 그 높이가 30cm 내외이다. 원두방형(圓頭方形)의 기와로 앞면에는 6엽의 연꽃무늬를 연속하여 날카롭게 새기고 있다. 마루끝기와의 하단부의 양쪽에는 기왓등 위에 얹힐 수 있도록 낮은 반원형의 홈이 파여 있는데 하단부의 중심은 기왓골 위에 놓일 수 있도록 약간 굽어 있다. 그리고 뒷면의 중앙에는 마루 끝에 고정시킬 수 있는 T자형의 홈이 별도로 파여 있다.

부여의 부소산절터에서 출토된 백제의 마루끝기와는 경주의 지름사에서 출토한 통일신라시대의 석제치미(石製鴟尾)와 함께 우리나라의 기와 가운데 아주 드물게 보이는 석제기와로 중요시되고 있다. 그리고 토제인 마루끝기와는 부여의 쌍북리 건물터[雙北里建物址]에서 출토하였다. 치미의 앞면을 여러 구획으로 나누고 4엽꽃무늬를 배치하고 있다.

12) 문자기와

문자기와는 기와의 내외면에 문자(文字)나 기호가 새겨진 기와로 기와연구 뿐만 아니라 당시의 문화를 살피는데 좋은 자료가 되고 있다.

백제의 문자기와는 수막새에 문자가 새겨져 있는 것과 암·수키와의 표면에 문자 또는 기호를 도장으로 새겨 찍는 인명기와[印銘瓦]가 있다. 수막새에 문자가 새겨진 기와는 부여의 구아리유적(사진 79)에서 출토되었다. 연꽃잎 끝이 원형돌기식으로 반전되고 있는 8엽의 연꽃무늬가 배치되어 있으며 꽃잎 안의 두 군데에 「천왕(天王)」이란 문자가

사진 31. 인명기와, 부여 부근

새겨져 있다.

　백제의 인명기와(사진 31)는 대부분 사비시기에 제작된 것으로 간지(干支)와 지명 그리고 제작자의 이름이나 제작소의 기호를 나타내고 있다. 도장으로 새겨 찍은 인명(印銘)은 원형의 것이 대부분이지만, 방형인 것도 있으며 이들 인명은 음각 또는 양각으로 새겨져 있다. 간지는 정사(丁巳)·갑신(甲申)·기축(己丑)·병(丙)·인(寅)·진(辰) 등이 새겨 있어서 기와의 편년 연구에 좋은 자료가 되고 있다. 그리고 도성 주변을 5부5방(五部五方)으로 나누었다는 역사기록과 관련된 「상부을와(上部乙瓦)」·「중부을와」·「하부을와」 등의 인명기와가 발견되고 있다.

13) 특수기와

　기와가 목조건물의 지붕에 이어지지 않고 특정한 장소에 사용되거나 그 용도가 전용되어 다른 목적으로 이용되는 기와류이다. 특수기와에는 담장용·배수로용·전탑용(塼塔用)·기단용(基壇用)·장식용·무덤용 등 여러 가지가 있다.

백제의 특수기와는 기단용·장식용·무덤용·배수로용 등 다양한데 대개 완제품인 막새나 암·수키와를 그대로 사용하거나 파손된 기와편을 이용하고 있다.

(1) 기단용기와

기단용기와는 건축물의 기단 축조에 사용된 기와로 백제의 여러 건물터에서 확인되고 있다. 건물의 기단은 판축(版築)된 기단토(基壇土)의 주변을 돌이나 기와 그리고 전돌 등으로 지면보다 높게 쌓아올려 빗물의 유입을 막고 건축물의 위용을 돋보이게 하기 위하여 치장하는 것이다.

기단의 축조에는 완제품인 암키와나 깨어진 암·수키와를 사용하는데 기와로 이루어진 기단을 와적기단(瓦積基壇)이라고 부른다. 와적기단은 백제에서 특히 성행했는데 부여의 군수리절터[軍守里寺址]·정림사터·부소산절터·관북리 추정왕궁터·금성산건물터 등 여러 유적지에서 확인되고 있다.

금성산건물터에서 나타난 와적기단(사진 32)은 건물터의 아래층 기단에서만 확인되었는데 깨진 암키와를 10겹 이상으로 중첩하여 기단을 높게 쌓아올리고 있다.

사진 32. 와적기단, 부여 금성산건물터

(2) 장식용기와

건물 내외의 특정한 부위에 기와를 삽입하여 장식적인 효과를 나타내기 위하여 사용되는 기와이다. 백제에서는 한 예가 아산 신운리에서 수집되었다(사진 33).

사진 33. 특수기와, 아산 신운리

장식용기와에는 연꽃무늬가 배치되고 있는데, 7세기 전반경에 유행한 막새형을 보이고 있다. 그런데 볼륨이 강한 연꽃잎 끝이 반전되

어 있고 자방에는 연자가 새겨져 있다. 그런데 장식용기와의 뒷면에는
특정한 장소에 삽입하여 사용할 수 있도록 원통형의 짧은 촉이 달려 있
어 이채롭다.

(3) 무덤용기와

무덤의 분구 위나 그 주변 그리고 무덤의 내부에서 출토되는 기와를
무덤용기와로 부르고 있다. 삼국시대부터 조선시대에 이르기까지 여러
기와가 전용되어 무덤용의 특수기와로 사용되고 있다. 그러나 무덤용
기와는 돌무지무덤[積石墳]의 분구 위를 이은 것과 무덤 안에 안치한
시신을 덮는 것 그리고 널방[玄室]의 바닥에 깔린 것 등 여러 가지로 구
분된다.

백제의 무덤용기와는 석촌동4호분(石村洞四號墳)에서 출토한 원무늬
수막새(사진 2)가 있고 널방의 바닥에 깔린 무덤용기와가 약간씩 알려
지고 있다.

2. 전돌류

전돌은 전실분(塼室墳)의 축조와 궁궐이나 사원건축의 조영에 주로
쓰이는 주요한 건축용재로 삼국시대부터 제작되었다. 그런데 전돌은
용도나 형태 그리고 문양이나 크기에 따라 다양하게 구분되고 있는데,
전돌이 지니고 있는 기능적인 특성 때문에 여러 방면으로 전용(轉用)되

기도 한다(표 2).

　백제의 전돌은 용도에 따라 무덤을 축조하기 위한 묘전돌[墓塼], 지상
건조물의 실내외의 바닥이나 기단에 부설되는 부전돌[敷塼], 건물의 벽
이나 성곽·특수한 단(壇)을 축조하는 벽전돌[壁塼], 그리고 특정한 장
소에 한정되어 사용되거나 그 용도가 바뀌어 다른 목적으로 이용되는

표 2. 백제 전돌의 분류

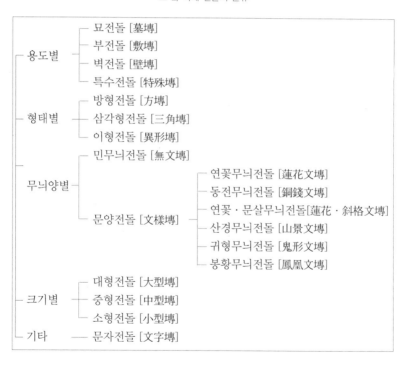

특수전돌[特殊塼]이 있다.

그리고 전돌의 형태에 따라 네모꼴인 방형전돌[方塼]과 세모꼴인 삼각형전돌[三角塼], 여러 모양으로 변형되는 이형전돌[異形塼] 등으로 구분된다. 그런데 방형전돌은 다시 정방형과 장방형으로 세분되며, 이들이 가장 많이 쓰이는 전돌에 속한다.

또한 백제의 전돌은 전돌의 표면이나 측면에 새겨진 문양에 따라 문양이 없는 민무늬전돌[無文塼]과 여러 가지 문양이 새겨진 문양전돌[文樣塼]로 구분된다. 그런데 문양전돌은 그 시문단위에 따라 다시 연꽃무늬전돌, 동전무늬전돌, 연꽃·문살무늬전돌, 귀형무늬전돌[鬼形文塼], 봉황무늬전돌 등으로 세분된다.

이밖에 백제의 전돌은 그 크기에 따라 대형전돌과 중형전돌 그리고 소형전돌 등으로 구분되고, 문자가 새겨진 문자전돌 이외에 기단(基壇)의 축조에도 전돌이 이용되고 있다.

1) 묘전돌

분묘의 축조에 사용되는 전돌로 중국의 공전(空塼)이나 방형전돌에서 비롯되었다. 우리나라는 돌무지무덤[積石塚]의 분구 위나 전실분(塼室墳) 또는 전곽분의 축조에 사용되었는데 고구려와 백제 그리고 발해에 한정되었다.

백제는 공주 송산리6호분(宋山里六號墳)과 무령왕릉(武寧王陵)(사진34)을 축조한 묘전돌이 잘 알려져 있다. 그런데 이 전돌에는 연꽃·동

전·문살 등의 무늬
가 배치되고 있다(사
진 35).

2) 부전돌

궁궐이나 사원 등
지상건축물의 실내외
바닥이나 기단에 사
용하는 전돌이다. 여
러 종류로 구분되어
많은 수량이 제작되
는 대표적인 전돌로
사용처에 따라 실내
외의 바닥용과 건물
기단에 쓰이는 기단
용, 통로에 부설되는
보도용 등으로 나뉜
다.

사진 34. 무령왕릉 모습, 공주 송산리

백제의 부전돌은 민무늬전돌과 연꽃무늬전돌로 구분되고 있다. 민무
늬전돌(사진 36)은 한성시기부터 제작되기 시작하여 궁성이나 사원건
축에 주로 사용되었다. 연꽃무늬전돌은 그 예(例)가 극히 적은데 사비

사진 35. 동전 · 문살무늬전돌, 공주 부근

사진 36. 민무늬전돌, 공주 송산리

시기부터 약간씩 제작되고 있다.

3) 벽전돌

건물의 벽이나 단(壇) · 성곽 등을 축조하기 위한 전돌이다. 장방형전돌이 대부분을 차지하고 있는데 민무늬전돌과 문양전돌로 구분되고 있다.

백제의 벽전돌은 민무늬전돌이 제작되었던 것으로 보인다. 그런데 부여 규암면 외리유적에서 출토한 문양전돌(사진 17~20)은 특수한 단을 축조하기 위하여 제작한 벽전돌용으로 간주하기도 한다.

4) 특수전돌

이형(異形)의 모습으로 제작되어 특정한 장소나 부위에 사용하거나 그 용도가 바뀌어 다른 목적으로 이용되고 있는 전돌이다. 특수전돌에

는 삼각전돌(사진 37)·능형전
돌·제형전돌 등이 있고, 다각형
이나 상자형과 같은 특이한 모습
의 부정형전돌도 있다.

백제에서는 연꽃무늬와 인동무
늬가 새겨진 특수전돌(사진 21)

사진 37. 삼각전돌, 공주 무령왕릉

이 있다. 속이 비어 있는 블록과 같은 상자모양으로 군수리절터에서 출
토되었다. 그리고 군수리절터에서는 목탑지 기단에 민무늬전돌을 사용
하여 축조한 전적기단(塼積基壇)이 발견되어 특수 용도로 전돌이 전용
되었음을 알 수 있다.

5) 문자전돌

전돌의 측면이나 표면에 문자
가 새겨진 전돌이다. 묘전돌로
축조된 무령왕릉과 송산리6호분
에서 몇 예가 출토하였다. 무령
왕릉에서는 장방형전돌의 긴 측
면에 '사 임진년작(士 壬辰年
作)'의 문자가 음각된 것이 출토
(사진 163)하였고 송산리6호분
에서는 '양관와위사의(梁官瓦爲

사진 38. 문자전돌, 공주 무령왕릉

師矣)'의 문자가 새겨진 전돌이 널길의 폐쇄전돌로 사용되었음을 알 수
있다. 그리고 이외에 대방(大方)·중방(中方)의 문자가 새겨진 묘전돌
(사진 38)도 있다.

백제의 수막새

　백제는 도읍지의 위치에 따라 한성시기(漢城時期 : 서기전 18년~서기 475년), 웅진시기(熊津時期 : 서기 475년~서기 538년), 사비시기(泗沘時期 : 서기 538년~서기 660년)로 나뉘어져 그 역사와 문화가 각 도읍시기에 따라 서로 다른 차이를 보이면서 크나큰 변천을 겪게 되는데, 기와 및 전돌도 마찬가지로 많은 변화를 거치게 된다.

　백제의 기와는 한성시기와 웅진시기에는 기본기와인 암·수키와와 수막새의 사용에 한정된 듯하며 사비시기에 이르러 활발한 조와활동(造瓦活動)을 전개하면서 여러 종류의 다양한 기와류가 제작되었다. 그런데 백제의 기와는 암·수키와가 가장 많은 수량을 차지하고 있지만, 연꽃무늬가 새겨진 수막새와 연목기와가 대표적이며 그 특성을 가장 잘 나타내고 있다.

　백제의 수막새는 한성시기부터 제작되고 있다. 한성시기에는 초화무늬[草花文]나 원무늬[圓文] 등이 새겨진 약간의 수막새가 있으나 소수의 예에 불과하고 웅진시기와 사비시기를 통하여 백제적인 막새형이 성립하게 된다. 백제의 수막새에는 연꽃무늬가 주체적인 시문단위(施文單位)로 새겨지고 있는데 꽃잎 끝에 나타나고 있는 반전수법(反轉手法)에 그 형식적인 특징을 잘 찾아볼 수가 있다. 그런데 이와 같은 여러 가지 막새형은 당시의 신라와 일본의 아스카[飛鳥]문화에 직접적인 영향을 끼치게 되어 백제계통이라고 부르는 또 다른 유형으로 성행하게 된다.

1. 한성시기

한성시기(漢城時期)는 백제가 개국(서기전 18년)한 이후 웅진으로 천도(서기 475년)하기까지 비교적 긴 기간에 해당되고 있으나 아직까지 당시의 실체가 확실하게 파악되지 않고 있다.

한성시기의 백제기와는 암·수키와와 약간의 수막새가 알려져 있다. 그동안 여러 차례에 걸쳐 실시한 당시의 유적지에 대한 발굴조사(發掘調査)를 통하여 백제 초기에 해당하는 기와가 약간씩 출토되었다. 한성시기의 백제기와가 출토되고 있는 유적은 서울의 풍납토성과 몽촌토성 그리고 석촌동4호분 등 몇 곳에 지나지 않았다. 그런데 최근에 경기도 포천의 자작리유적과 화성의 화산유적 및 그 일대에서 한성시기에 해당하는 암·수키와가 출토되어 주목되고 있다. 수키와는 그 표면이 민무늬인 것이 대부분이고, 암키와는 문살무늬가 대부분 타흔되고 있다. 한성시기의 수막새에는 초화·수목·원·능형·연꽃 등 여러 가지 무

늬가 새겨진 여러 종류가 제작되
었다.

사진 39. 초화무늬수막새, 송파 풍납토성

1) 초화무늬수막새

초화무늬수막새[草花文圓瓦當]
는 풍납토성(風納土城)에서 한
유형이 출토되었다(사진 1・39).
수막새는 세선각(細線刻)으로 막
새면을 6구획으로 구분한 다음
에 윗쪽과 아래쪽의 두 구획 속에 초화무늬 2엽(葉)을 배치하고 있다.

초화무늬는 봉오리와 줄기만으로 이루어진 간략한 화뢰형(花蕾型)인
데 그 의장이 간결하면서도 투박하다. 그런데 막새면을 구획하고 있는
세선각은 그 크기와 굵기가 각각 다르고 대생(對生)의 모습을 보이고
있어서 수목(樹木)을 의장한 것으로도 생각되고 있다.

수막새의 테두리인 주연부(周緣部)는 무늬가 없는 소문대(素文帶)로
삼국시대의 특색을 보여주고 있다. 수막새의 뒷면에는 수키와를 부착
했을 때 남겨진 수키와흔적이 낮게 남아 있어 백제 초기의 제작수법을
살필 수가 있다.

풍납토성은 서울시 송파구 풍납동에 위치한 백제 초기의 평지토성(平
地土城 : 사적 제11호)이다. 그동안 여러 차례에 걸쳐 발굴조사가 이루
어져 백제의 집자리・토기산포유구・수혈유구 등이 나타났고 토기・

기와·철기 등의 중요한 유물들이 출토되어 백제 초기인 한성시기의 모습을 약간이나마 살필 수 있게 되었다.

2) 수목무늬수막새

수목무늬수막새[樹木文圓瓦當]는 풍납토성에서 두 가지 유형이 출토되고 있다. 한 유형(사진 40)은 절반 이상이 깨어져 없어졌으나 막새의 중심에 작은 원권을 두고 네 그루의 수목을 십자모양으로 배치하였다. 수목은 한 줄기에 가지가 하나씩 뻗어 있는 단순한 모습이다.

또 다른 수목무늬수막새(사진 41)는 절반가량이 깨어져 없어졌으나 네 그루의 수목을 막새면에 십자모양으로 배치하고 있다. 그런데 막새의 중심에는 원권이 없고 수목은 하나의 줄기에 가지가 둘 또는 셋이 뻗고 있는 대생의 모습인데 가지에는 작은 동그라미가 달려 있어 특이하다. 그러나 작은 동그라미 속에는 십자(十字)의 선각이 있는 것과 없는 것으로 구분되고 있는데 작은 동그라미는 수목의 열매를 의장한 것으로 생각되고 있다.

풍납토성에서 출토된 두 유형의 수막새는 약간의 차이를 보이고 있으나 기본적인 의장은 비슷하다. 그런데 막새면에 네 그루의 수목이 십자모양으로 배치된 모습에서 중국 한대(漢代)에서 성행한 수막새 형식의 영향을 약간이나마 짐작할 수가 있다. 그리고 수막새에 배치된 수목무늬는 수목숭배(樹木崇拜)와 관련된 성수(聖樹)로 여길 수도 있으나 나뭇가지에 열매가 매달린 것으로 보아 길상의 의미로 채용된 것으로 간

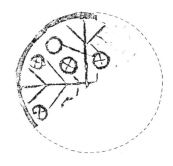

사진 40. 수목무늬수막새, 송파 풍납토성   사진 41. 수목무늬수막새, 송파 풍납토성

주되고 있다.

3) 원무늬수막새

둥근 원무늬가 새겨진 수막새
는 세 유형이 있다. 풍납토성에
서 출토된 원무늬수막새(사진
42)는 절반가량이 파손되었는데
막새면이 변형된 T자 모양의 선
각으로 4구획된 다음에 그 사이

사진 42. 원무늬수막새, 송파 풍납토성

사이에 작은 원무늬[圓文]를 배치하고 있다. 그런데 막새의 중심에는
네모난 소돌기가 간략하게 표시되어 있다.

석촌동4호분(石村洞四號墳)에서 출토된 원무늬수막새(사진 2)는 완전한 모습으로 상태가 양호하다. 막새의 중심부에 네모난 돌기가 나 있고 끝이 십자모양으로 된 4개의 구획선으로 막새면을 나누고 그 사이 사이에 네모난 소돌기를 지닌 작은 원무늬를 각각 배치되어 있다. 막새의 주연은 좁고 높은 편인데 무늬가 없는 소문대이다. 막새의 뒷면에는 접합당시의 수키와흔적이 낮게 남아 있어서 당시의 제작수법을 살필 수 있다.

석촌동고분(石村洞古墳)은 서울시 송파구 석촌동에 위치한 백제초기의 고분군(사적 제243호)이다. 석촌동4호분은 약간 다듬어진 할석을 사용하여 계단식으로 쌓아올린 적석묘(積石墓)로 백제 초기 지배층의 묘제(墓制)로 알려지고 있다. 그동안 발굴조사를 통하여 원무늬수막새가 몇 점 출토되었는데 특수기와인 무덤용기와로 중요시되고 있다.

그리고 몽촌토성(夢村土城)에서 출토한 원무늬수막새(사진 43)는 작은 파손품에 지나지 않아 수막새가 그림[圖面]으로 복원되었다. 막새면은 수지형(樹枝形)의 구획선으로 4구획되고 그 사이 사이에 작은 원무늬를 각각 배치하고 있다. 그런데 원무늬 속에는 작은 십자모양의 선각이 첨가되어 있고, 각 원무늬는 막새의 중심부에 선각으로 이어지고 있다.

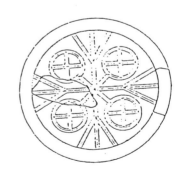

사진 43. 원무늬수막새. 송파 풍납토성

똑같은 수막새가 서울 석촌동의 수혈주거지에서 출토되었는데 원무늬와 수지형(樹枝形)의 구획선이 기하학적으로 구성되어 있다.

원무늬수막새는 이와 같이 풍납토성과 몽촌토성 그리고 석촌동4호분과 석촌동 수혈주거지 등 백제 초기에 조영된 여러 유적지에서 출토되고 있어서 당시에 꽤 성행했던 한성시기의 대표적인 막새형이라고 할 수 있다. 각 유형의 수막새는 세부에 있어서는 약간씩 다른 차이를 보이고 있으나 전체적인 모티브는 서로 밀접한 연관을 살필 수 있다. 그런데 막새면을 십자모양으로 4구획한 것이거나 그 제작기법을 통하여 중국 한(漢)의 직전양식인 낙랑기와의 영향을 약간 이어받은 것으로 간주되고 있다.

4) 능형무늬수막새

능형무늬수막새[菱形文圓瓦當](사진 44)는 몽촌토성에서 한 유형이 출토되었다. 절반가량이 깨진 작은 파손품이지만 그 복원 지름이 18cm 내외가 되므로 비교적 큰 막새에 해당된다. 능형무늬는 내부의 볼륨이 없이 선각으로 이루어진 8개의 꽃잎모양으로 표현되고 있는데 사이잎인 간

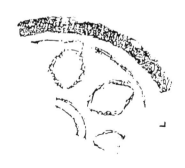

사진 44. 능형무늬수막새, 송파 몽촌토성

판(間瓣)은 생략되고 있다. 주연부는 비교적 높은 편이나 소문대이며 자방(子房)은 깨어져 없어졌으나 그 외측에 2조의 원권이 남아 있다.

그런데 능형무늬는 볼륨이 없이 박육한 상태로 표현되어 있으나 선각으로 이루어진 능형무늬가 연꽃무늬로 의장된 것으로 생각해 볼 수도 있다. 그것은 8엽의 연꽃무늬가 8개의 변형된 능형무늬로 표현되었을 것으로 추정해 볼 수가 있는데, 자방이 깨어져 잘 살필 수가 없으나 2조의 원권이 남아 있어서 초화무늬나 수목무늬 그리고 원무늬가 배치된 수막새의 중심부와 서로 다른 차이를 보이고 있음을 알 수 있다.

5) 연꽃무늬수막새

연꽃무늬수막새[蓮花文圓瓦當]는 몽촌토성에서 한 유형(사진 45)이 출토되었다. 그런데 몽촌토성에서는 연꽃무늬수막새 이외에 원무늬수막새(사진 43)와 능형무늬수막새(사진 44)가 함께 출토되어 수막새의 다양함을 살필 수가 있다.

몽촌토성은 서울시 송파구 방이동에 위치하고 있는 백제초기의 토성(사적 제297호)이다. 이 토성은 자연구릉을 이용하여 판축기법으로 성토하여 성벽을 축

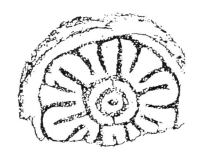

사진 45. 연꽃무늬수막새, 송파 몽촌토성

조하였는데 발굴조사를 통하여 목책(木柵)과 방어용의 해자(垓字)를 비롯하여 건물지·수혈주거지(竪穴住居址)·저장공(貯藏孔) 등의 중요시설이 확인되었다. 그리고 원통형토기와 연질토기를 비롯하여 기와·토제어망추·철기 등이 출토되어 당시의 문화를 살필 수 있게 되었다. 그런데 몽촌토성은 풍납토성과 함께 백제 초기의 왕성인 하남 위례성(河南 慰禮城)으로 대비되고 있어서 앞으로의 성과가 기대되고 있다.

몽촌토성에서 출토된 수막새는 6엽의 연꽃무늬가 배치되어 있으며 사이잎인 간판은 생략된 채 그 외측에 권선(圈線)만 남아 있다. 그런데 각 연꽃잎은 볼륨이 없이 화륜권(花輪圈)으로 표현되어 있고 안쪽에 꽃술 자엽이 새겨져 이채롭다. 그리고 자방(子房)은 2조의 원권을 두른 채 1과(顆)의 작은 연자를 소돌기처럼 새기고 있다.

몽촌토성에서 출토한 연꽃무늬수막새는 연꽃무늬가 배치된 백제의 수막새 가운데 가장 이른 시기에 제작되었다는 점에서 주목되고 있다. 그러나 연꽃무늬의 꽃잎수가 웅진시기나 사비시기에 성행한 8엽이 아니라 6엽이라는 것과 꽃잎 안에 자엽(子葉)이 장식되어 있다는 점이 주요한 특징이 되고 있다.

2. 웅진시기

백제는 문주왕(文周王) 원년(서기 475년)에 국도를 서울의 한성에서 공주로 천도하였다. 웅진시기는 63년 동안의 짧은 기간이었지만 기와를 이은 목조건축술은 새로운 양상을 띠기 시작했는데 이에 따른 기와와 전돌도 많은 변화를 겪으면서 백제 특유의 독자적인 양식을 점차 형성하기에 이르른다.

웅진시기의 기와가 수집되고 있는 유적은 10여곳에 이르고 있다. 당시의 왕궁터로 추정되고 있는 공주의 공산성(公山城)을 비롯하여 대통사지·신원사지·서혈사지 등의 여러 사원터·봉황동과 중동 및 정지산의 건물터 그리고 상용리산성(上龍里山城) 등지인데 공산성과 신원사지 이외에는 본격적인 발굴조사를 거치지 않아 유적의 유구 및 출토유물에 대하여 잘 파악되지 않고 있다.

그런데 부여의 정동리가마터[井洞里窯址]와 부소산성·구아리 및 용정리절터 등지에서 웅진시기에 해당하는 수막새가 약간씩 출토되고 있어서 중요시되고 있다. 이와 같이 웅진시기에 해당하는 기와가 부여의 여러 유적지에서 수집되고 있는 것은 백제가 사비로 천도하기 위한 새로운 도성의 조영과 밀접한 관련이 있는 건축용재로 간주되고 있다.

웅진시기의 수막새는 한성시기에 제작된 수막새와 전혀 다른 모습으로 제작되기 시작한다. 웅진시기의 왕성으로 추정되고 있는 공산성에서 출토된 기와를 살펴보면 한성시기의 풍납토성이나 몽촌토성에서 출토된 기와와 전혀 다른 모습을 보이고 있다. 이와 같은 현상은 웅진시기에 이르러 중국 남조의 영향을 받아 제작된 새로운 와전형(瓦塼型)이 점차 주류를 차지하게 되면서 한성시기의 기와전통을 대체하고 있다고 할 수 있다. 따라서 웅진시기에는 한성시기에 제작된 초화무늬이나 수목무늬·원무늬 등이 배치된 수막새는 이미 사라지고 연꽃무늬 위주의 수막새가 주류를 차지하게 되면서 백제의 독자적인 막새형이 성립되었음을 알 수 있다.

1) 연꽃무늬수막새

웅진시기에 제작된 수막새에는 모두 연꽃무늬가 배치되고 있다. 그런데 연꽃무늬는 양식상 꽃잎 안에 장식이 없는 홑잎인 소문단판(素文單瓣)으로 꽃잎 끝의 반전수법에서 다양한 형식적인 변화를 찾아볼 수 있다.

백제의 연꽃무늬수막새에 나타나고 있는 꽃잎 끝의 반전수법은 판단융기형과 판단장식형으로 대별되고 있다. 그런데 웅진시기에는 판단융기형과 함께 판단장식형의 일부가 처음으로 나타나기 시작하여 약간의 변화를 보이면서 사비시기까지 계승되고 있다.

(1) 판단융기형(瓣端隆起型)

판단융기형은 수막새에 배치된 연꽃잎의 반전수법이 판단의 변형에 의하여 나타나는 것이 아니라 판단의 볼륨조정에 의하여 꽃잎 끝이 자연스럽게 솟고 있는 모습을 형식화한 것이다. 이와 같은 막새형은 웅진시기에 제작된 여러 수막새 가운데에서 가장 이른 시기에 나타난 형식이라고 할 수 있는데 공주의 공산성에서 몇 예가 출토되고 있다.

공주시 산성동과 금성동에 있는 공산성(公山城 : 사적 제12호)은 자연

사진 46. 연꽃무늬수막새, 공주 공산성   사진 47. 연꽃무늬수막새, 공주 공산성

지형을 이용하여 축조된 포곡식산성(包谷式山城)으로 북쪽은 금강에 접해 있고, 남쪽은 공주 시가지인 평지를 조망할 수 있다. 이 산성은 백제가 한성에서 웅진으로 천도한 후 중심적인 왕성의 역할을 수행하였던 곳이다. 그동안 몇 차례에 걸쳐 실시된 발굴조사를 통하여 성내에서 임류각지(臨流閣址)·추정왕궁터·지당지(池塘址)·목곽고(木槨庫) 등의 백제시대의 중요한 유구가 발견되었다. 그리고 웅진시기에 해당하는 연꽃무늬수막새를 비롯한 많은 암·수키와와 토기 및 철기 등이 출토되어 웅진시기의 문화를 잘 살필 수가 있었다.

공주 공산성에서 출토한 연꽃무늬수막새(사진 3·46)는 꽃잎 안에 장식이 전혀 없는 소문단판양식으로 8엽의 연꽃무늬가 배치되고 있다. 그런데 연꽃잎은 설형(舌形)의 모습으로 꽃잎 끝에 이를수록 볼륨이 점차 후육해지면서 꽃잎 끝이 자연스럽게 융기하는 것과 같이 솟아오르

사진 48. 연꽃무늬수막새, 공주 공산성　　　　사진 49. 연꽃무늬수막새, 공주 공산성

고 있다. 사이잎인 간판(間瓣)은 그 끝이 굵고 볼륨이 강한데 세선화된
구획선의 모습이다. 자방은 비교적 넓은 편인데 1+8과의 연자가 등간
격을 이루면서 놓여 있다. 그런데 공산성에서 함께 출토된 연꽃무늬수
막새(사진 47)는 꽃잎의 모습이나 반전수법이 앞의 수막새와 거의 비슷
하나 꽃잎수가 10엽으로 차이를 보이고 있다. 그리고 넓은 자방에는
1+10과의 연자가 놓여 있다. 그러나 두 수막새는 판단융기형의 동일계
열이라고 할 수 있는데 세판화(細瓣化)의 현상이 이미 나타나고 있어서
이채롭다. 백제의 수막새에 배치되는 연꽃무늬의 꽃잎수는 8엽이 기본
인데 이 수막새는 그 꽃잎수가 10엽으로 증가한 세판화현상이 웅진시
기에 이미 나타나고 있어서 중요시되고 있다.

　그리고 이 외에 공주 공산성에서 출토한 판단융기형의 수막새(사진
48 · 49)는 서로 다른 약간의 차이를 나타내고 있으나 꽃잎 끝이 위로

급격히 솟고 있거나 경미하게 반전되는 모습을 보이고 있다. 자방도 넓고 좁아 서로 다른데 연자는 모두 1+8과를 놓고 있다. 그런데 판단융기형의 수막새는 그 테두리인 주연부에 무늬가 장식되어 있지 않는 소문대(素文帶)임을 알 수 있다.

판단융기형의 수막새는 백제가 한성에서 웅진으로 천도한 다음부터 제작되기 시작한 새로운 막새형이라고 할 수 있다. 그러나 크게 유행하지 못하고 곧바로 새로운 유형인 판단장식형 가운데 원형돌기식의 수막새가 성행하게 되면서 새로운 유형으로 전환되고 있음을 알 수 있다. 따라서 판단융기형의 제작시기는 대략 5세기 후반부터 6세기 초반에 이르고 있는 것으로 생각되고 있는데 사비시기에도 약간씩 계승되고 있다.

(2) 판단장식형(瓣端裝飾型)

판단장식형은 연꽃잎의 반전수법이 꽃잎 끝의 변형에서 찾아지는데 꽃잎 끝의 중심이 솟아오르면서 원형돌기식(圓形突起式)이나 삼각돌기식(三角突起式)으로 변화하여 장식되고 있는 모습을 형식화한 것이다. 그런데 판단장식형의 수막새는 이와 같은 형식변화를 통하여 유형적인 차이는 물론 제작시기의 차이를 찾아볼 수 있어서 중요시되고 있다. 웅진시기에는 위의 여러 가지 형식 가운데 원형돌기식만이 제작되어 크게 성행하게 되면서 주류형식으로 사비시기의 초기까지 계승되고 있다.

원형돌기식은 꽃잎 끝의 중심부에 조그만 주문(珠文)이나 둥그런 소돌기가 높게 솟아 있는 반전된 모습으로 웅진시기 뿐만이 아니라 사비시기의 수막새의 형식으로 가장 유행한 대표적인 막새형이라고 할 수 있다. 그런데 그 성립배경에는 6세기 초반경에 축조된 무령왕릉의 묘전돌인 연꽃무늬전돌과 상당히 깊은 관련을 갖고 있는 것으로 생각된다.

원형돌기식의 수막새는 공주와 부여에서 많은 수량이 출토되고 있다. 공주지역에서는 공산성과 대통사지, 봉황동과 중동 및 정지산유적 등지에서 출토하고 있고, 부여에서는 구아리와 동남리유적 및 관북리일대, 용정리절터와 능산리절터 그리고 부소산성 등지에서 비교적 이른 시기에 해당하는 수막새가 출토되고 있다. 그런데 각 유적지에서 출토되고 있는 수막새는 연꽃잎의 반전수법과 자방의 연자수에서 약간씩 차이를 보이고 있으나 기본적인 모티브는 서로 같으며 연꽃잎의 볼륨이나 장식성이 정제되고 있어서 원형돌기식의 수막새는 웅진시기에 이미 정형화를 이룩하였음을 알 수 있다.

공주 공산성에서 출토된 원형돌기식의 수막새(사진 50)는 주연부가 모두 파손되었으나 막새면에 8엽의 연꽃무늬가 정제되어 배치되고 있다. 연꽃잎 끝은 그 중심이 부풀어 솟아오르면서 원형의 소돌기가 장식되어 있는데 자방에는 1+8과의 연자가 놓여 있다. 그런데 공주 시내의 봉황동유적에서 출토된 수막새(사진 51)는 연꽃잎이 끝에 이르러 곡면(曲面)을 이루면서 솟아올라 원형돌기가 장식되어 약간의 차이를 보이

사진 50. 연꽃무늬수막새, 공주 공산성　　　사진 51. 연꽃무늬수막새, 공주 봉황동

고 있다. 약간 넓어진 자방에는 1+8과의 연자가 놓여 있다.

　공주의 대통사지(大通寺址)와 중동유적 및 정지산유적에서 출토된 원형돌기식 수막새(사진 4·52·53·54)는 정제된 8엽의 연꽃무늬가 배치되고 있는 동형와당(同形瓦當)으로 원형돌기식의 정형화된 막새형이라고 할 수 있다. 연꽃잎은 길이가 그 폭에 비하여 약간 긴 편이나 낮은 볼륨이 부드럽게 곡면을 이루면서 꽃잎 끝이 솟아오르면서 그 중심이 원형의 소돌기로 변화하는 장식성을 보여주고 있다. 따라서 수막새에 배치된 부드러운 곡선감과 함께 역동적인 반전감을 함께 느끼게 하는 백제 특유의 감각을 잘 나타내 주고 있다. 자방은 낮고 좁은데 1+6과의 연자가 등간격으로 새겨져 있으며, 사이잎인 간판(間瓣)은 삼각형의 구획선으로 세선화하고 있다. 따라서 이와 같은 수막새는 연꽃무늬를 구성하는 꽃모양 자체가 매우 수려하고 정제되어 정형화(定型化)를 이룩

사진 52. 연꽃무늬수막새, 공주 대통사지   사진 53. 연꽃무늬수막새, 공주 중동

한 백제의 대표적인 막새양식임
을 알 수 있다.

　그런데 대통사지에서 출토된
수막새(사진 4 · 52)는 서기 527
년에 이룩된 대통사의 창건와당
으로 간주되고 있어서 그 제작시
기와 함께 원형돌기식의 정형화
된 시기를 어느 정도 짐작할 수

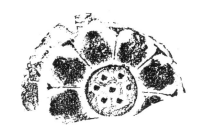

사진 54. 연꽃무늬수막새, 공주 정지산

가 있다. 따라서 판단장식형 가
운데 원형돌기식의 막새형은 판단융기형의 막새형이 제작되기 시작한
5세기 후반 이후인 6세기 초경에 출현하게 되었고 곧바로 정형화를 이
룩하였음을 알 수 있다. 그런데 이와 같은 막새형은 공주의 무령왕릉의

묘전돌에 보이는 연꽃무늬의 반전수법과 서로 닮고 있어서 그 성립배경을 살필 수가 있는데 중국 남조의 영향을 받아 6세기 초부터 본격적으로 제작되기 시작하였다.

중동(中洞)유적은 공주 시내에 있는 웅진시기의 건물터로 봉황동유적과 같이 아직 발굴조사를 거치지 않아 그 성격을 잘 알 수가 없다. 그러나 6세기 초반경에 해당되는 수막새가 출토되어 웅진시기의 중요한 유적임을 예상할 수가 있다. 그런데 공주 시내의 금성동의 정지산에 위치하고 있는 공주 정지산(艇止山)유적은 그동안 발굴조사를 거쳐 유적의 성격을 약간이나마 살필 수가 있어서 중요시되고 있다. 정지산의 능선 정상부에서 웅진시기의 여러 건물터와 호(壕) 및 목책열(木柵列)·구덩이유구[竪穴遺構]와 저장공 등이 발견되었고, 그릇받침·완(盌)·굽다리접시[高杯]·등잔·세발토기[三足土器] 등의 다양한 토기류와 연꽃무늬수막새 및 암·수키와 그리고 문살무늬전돌 등이 출토되었다. 그런데 정지산유적은 발굴조사에서 드러난 기와건물지 및 대벽건물지(大壁建物址)의 특이한 구조와 제사와 관련이 있는 듯한 그릇받침이나 세발토기·등잔 등의 출토유물을 통하여 유적의 성격을 제사시설로 파악하고 왕의 죽음과 관련된 빈시설(殯施設)로 추정하고 있다.

정지산유적에서 출토된 수막새(사진 54)는 일부가 파손되었으나 원형돌기식으로 8엽의 연꽃무늬가 배치되어 있다. 연꽃무늬의 반전수법이나 자방의 연자배치에서 대통사지에서 출토한 수막새와 유사한 동형와당임을 알 수 있다. 그런데 판단장식형의 하나인 원형돌기식의 막새형

사진 55. 연꽃무늬수막새, 부여 구아리유적

사진 56. 연꽃무늬수막새, 부여 관북리

은 6세기 초반경에 판단장식형
의 수막새를 대체하면서 정형화
를 이루게 되는데, 백제가 웅진
에서 사비로 천도하는 6세기 전
반까지 큰 주류를 이루면서 매우
성행하게 된다고 할 수 있다.

　그리고 부여의 여러 유적지에
서 웅진시기에 제작된 것으로 추
정되고 있는 원형 돌기식의 수막

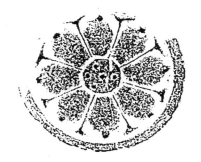

사진 57. 연꽃무늬수막새, 부여 동남리

새가 약간씩 확인되고 있어서 중요시되고 있다. 부여 시내의 구아리와
관북리 및 동남리유적에서 출토된 수막새(사진 55·56·57)는 모두 원
형돌기식의 반전수법을 보이고 있는 동형와당으로 공주의 대통사지와

사진 58. 연꽃무늬수막새, 부여 용정리절터   사진 59. 연꽃무늬수막새, 부여 부소산성

중동유적에서 출토한 수막새(사진 52·53)와 또 동형와당의 관계에 놓이고 있다. 따라서 부여 시내에서 출토한 이와 같은 원형돌기식의 수막새는 공주 시내에서 출토한 원형돌기식의 수막새와 동형와당으로 간주되고 있기 때문에 그 제작시기도 큰 차이가 없는 6세기 초반경까지 거슬러 올라갈 수가 있을 것으로 보인다. 따라서 백제가 사비로 천도하기 이전인 웅진시기에 제작된 수막새가 부여지역에 이미 공급되어 사용되고 있었음을 알 수 있다.

또한 부여 용정리절터(사진 58)와 부소산성(사진 59)에서도 원형돌기식의 수막새가 출토되고 있는데 앞의 원형돌기식과 큰 차이가 없는 유사한 막새형임을 알 수 있다. 따라서 이와 같은 수막새는 백제가 사비에 천도하기 이전에 신도읍지 조영계획의 일환으로 웅진시기에 이미 사비에 공급되기 시작하여 사용되었던 것으로 생각되고 있다. 물론 이

사진 60. 연꽃무늬수막새, 부여 능산리절터

와 같은 원형돌기식의 수막새는 사비로 천도한 직후에도 형식적인 큰 변화없이 계속 제작되어 신도읍지 경영의 주요한 건축용재로 사용되었을 것으로 간주되고 있다.

최근에 발굴조사를 한 부여의 능산리절터에서는 연꽃무늬의 반전수법이나 자방의 연자배치에서 앞의 원형돌기식과 큰 차이가 없는 동형의 수막새(사진 60)가 출토되어 중요시되고 있다. 수막새는 8엽의 반전된 연꽃무늬가 배치되어 있고 자방에는 1+6과의 연자가 놓여 있는데 약간 변화된 또 다른 원형돌기식도 몇 예가 더 출토되고 있다. 그런데 능산리절터는 최근의 발굴조사를 통하여 남북일선상의 단탑일금당식(單塔一金堂式)의 백제의 전형적 가람형식임이 밝혀지게 되었다. 그런데 동실(東室)과 서실(西室)로 양분된 강당(講堂)의 특이한 구조와 공방시설 그리고 목탑터에서 출토한 창왕명사리감(昌王銘舍利龕)의 명문내용과 그 조성시기(서기 567년)를 통하여 능산리사원은 일반적인 백제사원과 다른 성격을 지닌 기원사찰이거나 능산리고분군과 관련된 것으로 웅진시기의 정지산유적의 성격과 유사한 제사시설로 추정하기도 한다.

그런데 능산리절터에서 출토된 원형돌기식의 수막새는 그 제작시기가 사리감의 명문에서 확인된 서기 567년인 사원의 조성시기보다 이른 시기에 해당되어 주목되고 있다. 능산리사원이 조성된 서기 567년에 해당하는 기와는 삼각돌기식(三角突起式)의 수막새(사진 90)로 능산리 절터에서 출토된 모든 수막새 가운데 70% 내외를 차지하고 있다. 따라서 삼각돌기식의 수막새를 능산리사원의 창건와당으로 간주할 수가 있으며 이보다 이른 시기에 제작된 원형돌기식의 수막새는 사원의 창건 이전에 조영된 별도의 건물에 사용되었을 것으로 추정하고 있다. 따라서 능산리사원의 창건 이전에 능산리절터에 어떤 성격의 건물이 존재했는지는 아직 밝혀지지 않고 있으나 웅진시기의 정지산유적의 제사시설과 같은 성격의 건물이 존재했을 가능성이 많아 앞으로의 연구가 기대되고 있다.

그리고 부여 능산리절터에서 출토한 수막새는 공주의 정지산유적에서 출토된 원형돌기식의 수막새와 서로 닮아 있는 것도 우연의 일치가 아님을 알 수 있다. 따라서 능산리절터에서 출토된 수막새는 서기 567년의 능산리사원의 창건시기에 사용된 것이 아니라 백제가 웅진에서 부여로 천도한 서기 538년을 전후한 6세기 초반경에 제작되어 사용되었을 것으로 생각되고 있다.

한편 부여의 구아리유적에서는 원형돌기식의 수막새가 가장 많이 출토되었는데 발굴조사를 실시한 결과 유적의 훼손이 아주 많아 약간의 건물터와 우물터가 확인되었다. 그러나 사비시기에 해당하는 다양한 기와류와 토기 및 소조불 등이 출토되어 상당히 중요한 유적임을 알 수

있다. 구아리유적에서 출토한 원
형돌기식(사진 61)은 동범와당이
동남리유적에서도 수집되고 있
는데, 연꽃무늬의 꽃잎수가 8엽
이 아닌 6엽임이 이채롭다. 연꽃
잎의 반전수법이나 자방의 연자
배치도 1+6과로 다른 원형돌기
식과 거의 같은데 꽃잎수의 차이
를 나타내는 새로운 변화를 보여

사진 61. 연꽃무늬수막새. 부여 구아리유적

주고 있다. 그러나 이 수막새의 제작시기는 웅진시기에 이미 정형화된
원형돌기식의 제작시기보다 약간 늦은 사비천도를 전후한 시기에 제작
된 것으로 생각되고 있다.

3. 사비시기

백제가 공주에서 마지막 도읍지인 부여로 천도한 것은 성왕 16년인
서기 538년이다. 그런데 사비시기(泗沘時期)는 서기 538년부터 백제
가 멸망한 서기 660년까지 123년 동안으로 웅진시기의 63년에 비하여
거의 2배 가까운 긴 기간에 해당되며 백제의 문화가 가장 찬란하게 꽃
피웠던 시기라고 할 수 있다. 백제는 사비시기에 이르러 도성 내외에
궁궐과 많은 산성 및 사원 등이 새롭게 조영되어 기와의 수요가 증가하

였으며 그 제작도 본격화하면서 백제적인 특성이 가장 잘 발휘되었던 시기이기도 하다.

사비시기에 백제기와가 많이 발견되고 있는 곳은 부여지방의 여러 사원터와 궁성 및 산성터이다. 이와 더불어 부여에서 멀리 떨어진 전라북도 익산지방과 충청남도의 논산이나 대전 등지에서도 백제기와가 약간씩 출토되고 있다. 그런데 최근에는 전라남도 여수시와 고흥군에 위치하고 있는 산성터에서 백제시대의 암·수키와가 발견되어 기와의 출토범위가 확대되고 있음을 알 수 있다.

사비시기에 제작된 수막새는 6세기 중반까지 웅진시기의 전통을 이어받아 원형돌기식의 막새형이 주류를 이루면서 약간씩 변화하여 제작되고 있지만 그 이후부터는 삼각돌기식의 새로운 막새형이 출현하게 되면서 이를 점차 대체하게 된다. 그리고 수막새에는 연목기와와 함께 대부분 연꽃무늬가 주문양으로 배치되고 있는데 파무늬[巴文]나 민무늬[無文]의 수막새도 제작되고 있어서 시문단위의 변화가 나타나고 있다.

수막새에 배치되고 있는 연꽃무늬는 단판(單瓣)·복판(複瓣)·중판(重瓣) 등의 여러 양식으로 구분되고 있으나 복판 및 중판양식은 7세기 이후에 새롭게 나타나기 시작한 드문 예에 지나지 않아서 아직까지 그 주류는 단판양식이라고 할 수 있다.

그런데 단판양식은 다시 소문단판형(素文單瓣型)·유능단판형(有稜單瓣型)·유문단판형(有文單瓣型)으로 세분되어 다양한 형식적인 변화를 낳고 있다. 따라서 백제기와의 특성을 가장 잘 나타내주고 있는 단

판양식의 연꽃무늬를 중심으로 그 형식적인 변화와 전개과정을 살피고
자 한다.

1) 연꽃무늬수막새

(1) 소문단판양식

연꽃잎의 볼륨이 후육(厚肉) 또는 박육한 상태에서 꽃잎 끝이 여러 가
지의 모습으로 변화하고 있지만 꽃잎 안에 무늬나 장식이 전혀 되어 있
지 않는 막새형이다. 그런데 소문단판양식은 그 특징이 꽃잎 끝의 변화
와 장식성에서 대부분 나타나고 있기 때문에 판단원형형식과 판단첨형
형식 그리고 판단반전형식의 세 유형으로 세분된다. 이 가운데 판단반
전형식은 판단융기형과 판단장식형 그리고 곡절소판형(曲折小瓣型)의
막새형으로 다시 나누어 웅진시기에 이어 가장 성행하게 되는데, 이 형
식을 중심으로 백제의 독자적인 와당형이 형성되고 있음을 알 수 있다.

① 판단원형형식

연꽃잎의 볼륨이 매우 후육한 가운데 꽃잎 끝이 둥그렇게 곡면을 이
루면서 반원형상으로 표현되고 있는 막새형이다. 백제에서는 6세기 후
반경부터 약간씩 제작되고 있으나 소수의 예에 불과하다.

부여의 정림사지(定林寺址)에서 출토된 수막새(사진 62)는 연꽃잎의
길이가 짧고 폭이 넓은 편이며 꽃잎 끝이 매우 두터워 뭉툭하다. 자방

은 외측에 원권을 두르고 1+6과
의 연자를 놓고 있는데 주연부의
안쪽에는 넓은 골과 같은 구상권
(溝狀圈)이 형성되고 있다.

사진 62. 연꽃무늬수막새. 부여 정림사지

　부여의 정림사지는 부여읍의
동남리에 위치하고 있다. 현재
강당과 연못이 복원되어 있고 1
기(基)의 5층석탑과 1구(軀)의 고
려시대의 석불좌상이 남아 있다.
그동안 발굴조사를 거쳐 절터의 전모가 밝혀졌는데 정림사는 중문·
탑·금당·강당이 남북일선상에 배치되고 회랑으로 둘러싸여 있는 단
탑일금당식의 전형적인 백제의 가람형식을 보여주고 있다. 정림사지에
서는 납석제불상과 소조불상편 그리고 많은 종류의 토기와 벼루 및 기
와류가 출토되었는데 창건시기가 6세기 중반경에 이르고 있다. 그런데
정림사지에서 출토된 판단원형형식은 그 수량도 많지 않아 지붕을 수
리한 개수기의 기와로 간주되고 있다.

　'정림사'라는 절이름은 고려시대 중건 당시의 문자기와에서 확인된
것으로 아직 창건 당시의 백제시대의 절이름은 파악되지 않고 있다. 그
런데 정림사지에서 출토된 동형의 기와가 부여의 구교리(舊校里)유적
에서도 수집되었다. 구교리유적에서 몇 유형의 수막새가 출토되고 있
으나 유적이 절터인지는 아직 확인되고 있지 않다.

사진 63. 연꽃무늬수막새, 부여 금강사지

부여의 금강사지에서 출토된 수막새(사진 63)는 연꽃잎의 볼륨이 약화되고 있는데 꽃잎 끝은 반원형으로 곡면을 이루고 있다. 자방은 원권을 두른 평면형인데 연자가 1+4+8과의 3열로 배열되어 7세기 전반경에 제작된 것으로 보인다.

금강사지(金剛寺址)는 부여군 은산면 금공리에 위치하고 있다. 가람형식은 단탑일금당식인데 그 중심축이 남북일선상이 아닌 동서일선상의 동향가람이다. 그런데 '금강사'라는 절이름은 이 절에서 출토된 고려시대의 문자기와에서 확인된 것으로 이 절이름이 백제시대의 사원이름인지는 알 수가 없다.

② 판단첨형형식

연꽃잎 안의 볼륨이 후육(厚肉)한데 꽃잎의 길이가 폭에 비해 긴 편이며 꽃잎 끝은 점차 볼륨이 약화되면서 날카로운 침상으로 변형된 것을 형식화한 것이다. 이와 같은 막새형은 6세기 전반부터 7세기 중반까지 계속 제작되었는데 사비시기에 상당히 성행한 막새형 가운데 하나에 속하고 있다.

부여의 용정리절터[龍井里寺址]에서 출토된 수막새(사진 64)는 약간

사진 64. 연꽃무늬수막새, 부여 용정리절터   사진 65. 연꽃무늬수막새, 부여 용정리절터

파손되어 있으며, 8엽의 연꽃무늬가 배치되고 있다. 연꽃잎은 길이가 짧고 그 폭이 넓어 거의 원형상인데 볼륨이 아주 강하여 꽃잎 끝이 급격한 곡면을 이루면서 날카롭게 표현되고 있다. 그런데 간판의 구획선은 생략된 채 능형상의 판두(瓣頭)만을 높게 새기고 있다. 이와 같은 간판의 모습은 공주 무령왕릉(武寧王陵)의 연꽃무늬전돌에 나타나는 간판과 닮아서 그 제작시기가 늦지 않음을 알 수 있다. 그러나 꽃잎 끝이 첨형으로 날카롭게 표현되고 있는 웅진시기의 수막새가 아직까지 확인되지 않아 사비천도 직후에 제작되었을 것으로 생각되고 있다. 따라서 용정리절터에서 출토된 이 수막새가 여러 판단첨형형식 가운데 가장 이른 시기에 해당되는 것으로 생각되고 있으며 비교적 넓은 자방에는 1+7과의 연자가 놓여 있어 이채롭다.

그런데 용정리절터에서는 이와 유사한 수막새(사진 65)가 또 출토되

사진 66. 연꽃무늬수막새, 공주 서혈사지   사진 67. 연꽃무늬수막새, 부여 정림사지

고 있다. 8엽의 연꽃무늬가 배치되고 있는데 꽃잎은 광폭한 편으로 볼
륨이 매우 강한데 꽃잎 끝에 날카로운 세선각이 나타나고 있다. 간판도
구획선이 생략되고 능형상의 판두만을 높게 새기고 있다. 비교적 넓은
자방에는 외측에 원권을 두르고 1+6과의 연자를 배치하고 있다.

　공주의 서혈사지(西穴寺址)와 부여의 정림사지(定林寺址)에서 서로
유사한 막새(사진 66 · 67)가 출토되고 있다. 모두 8엽의 연꽃무늬가
배치되어 있으며, 연꽃잎의 볼륨이 낮아지면서 꽃잎 끝이 날카롭게 표
현되고 있다. 좁아진 자방에도 모두 1+4과의 연자를 배치하고 있다. 그
런데 두 수막새의 간판은 모두 구획선이 생략된 채 삼각형상의 판두만
을 새겨서 용정리절터에서 출토된 수막새와 관련을 갖고 있으며 6세기
중반 이후에 제작된 것으로 생각되고 있다.

　부여의 궁남지(宮南池)에서 출토된 수막새(사진 68)는 8엽의 연꽃무

사진 68. 연꽃무늬수막새, 부여 궁남지   사진 69. 연꽃무늬수막새, 부여 동남리

늬가 배치되고 있는데, 연꽃잎의 볼륨이 낮아지고 꽃잎 끝이 날카롭게 삼각형상을 하고 있다. 자방은 평면형인데 원권을 두르고 1+7과의 연자를 놓고 있어서 판단첨형형식의 초기형식과 다른 모습을 보이고 있다.

그런데 부여 동남리에서 출토한 수막새(사진 69)는 연꽃잎의 볼륨이 약한데 꽃잎 끝의 날카로움도 둔화되고 있는 모습을 하고 있다. 사이잎인 간판은 구획선을 지니고 있으나 판두가 확대된 모습이고 낮은 자방의 외측에도 꽃술대가 돌려져 있어서 7세기 전반경에 제작된 것으로 간주되고 있다.

그리고 판단첨형형식 가운데 약간 특이한 막새형이 부여 용정리절터(사진 70)에서 출토되고 있다. 연꽃무늬는 꽃잎 수가 6엽으로 볼륨이 강한 편인데 꽃잎의 길이도 긴 편에 속한다. 그런데 간판(間瓣)은 작은

사진 70. 연꽃무늬수막새, 부여 용정리절터

꽃잎모양으로 간략화되어 구획선이 없으며, 자방은 아주 작게 축소되어 작은 원권식으로 나타내고 있다. 이와 같은 막새형은 그 출토 예가 드물고 연꽃무늬의 꽃잎수나 꽃모양이 특이하여 백제의 막새형으로는 매우 이례적이며 6세기 전반경에 제작되었을 것으로 보인다.

③ 판단반전형식

판단반전형식은 연꽃잎 끝의 반전된 모습에 따라 판단융기형과 판단장식형 그리고 곡절소판형으로 구분되어 백제의 여러 막새형 가운데 가장 많은 형식적인 변화를 낳고 있는 유형이다. 이 막새형은 웅진시기부터 나타나기 시작하여 사비시기까지 시기적인 변화를 보이면서 매우 성행하게 되는 백제의 대표적인 막새형이다. 따라서 이와 같은 막새형을 백제의 독자적인 와당형 또는 백제 와당양식이라고도 하는데 소문단판연꽃무늬[素文單瓣蓮花文]의 반전수법에서 그 특징이 가장 잘 나타나고 있음을 알 수 있다.

사진 71. 연꽃무늬수막새, 부여 능산리절터

사진 72. 연꽃무늬수막새, 부여 관북리
추정왕궁지

가. 판단융기형

연꽃잎의 반전수법이 꽃잎 끝의 볼륨자체의 융기에 의하여 자연스럽게 솟고 있는 모습을 형식화한 것으로 웅진시기에 이미 출현하였다. 그런데 사비시기에는 그동안 출토 예가 많지 않아 웅진시기의 판단융기형과 직접적으로 관련되지 않는 것으로 간주하고 있었으나 최근 부여의 능산리절터의 발굴조사에서 여러 자료가 출토되어 서로 연관이 있음을 알 수 있다.

사비시기에 제작된 여러 막새 가운데 가장 이른 시기에 해당하는 판단융기형은 부여의 능산리절터(사진 71)에서 출토되고 있다. 8엽의 균정된 연꽃무늬가 배치되고 있는데 연꽃잎은 그 끝에 이를수록 볼륨이 점차 강해지면서 그 끝이 위로 솟아오르고 있다. 간판은 구획선을 지닌 삼각형의 판두(瓣頭)인데 낮고 넓은 자방에는 1+8과의 연자가 놓여 있

사진 73. 연꽃무늬수막새, 부여 능산리절터　　　사진 74. 연꽃무늬수막새, 부여 능산리절터

다. 그리고 주연부는 좁고 낮은데 소문대이다. 이와 같은 판단융기형은
부여의 능산리절터에서 시기적인 차이를 보이면서 몇 유형(사진 73·
74)이 출토되고 있는데, 사비천도를 전후하여 웅진시기의 막새형을 계
승한 것으로 보인다.

　부여의 관북리 추정왕궁지에서 출토한 판단융기형(사진 72)은 그 반
전수법이 아주 강하여 이채롭다. 8엽의 연꽃무늬가 배치되고 있는데
연꽃잎은 그 폭이 아주 좁아 길이가 긴 편에 속하고 있다. 연꽃잎의 볼
륨이 아주 두터우며 꽃잎 끝이 높게 솟아오르고 있다. 구획선을 지닌
간판도 볼륨이 강하여 전체적으로 날카로우면서 묵직한 중량감을 느끼
게 하며 높은 자방에는 1+8과의 연자가 놓여 있다.

　부여의 능산리절터에서는 연꽃무늬의 반전수법과 자방의 연자수 및
자방의 형태가 서로 다른 여러 형식의 판단융기형이 출토되고 있다. 모

두 8엽의 정제된 연꽃무늬가 배치되어 있으며 꽃잎 끝이 경미하게 반전되고 자방에는 1+6과의 연자가 놓여 있는 것(사진 73)이 있다. 이 외에 꽃잎 끝이 점차 솟아오르는 반전수법을 보이면서 자방은 원권을 두른 평면자방형(사진 74)으로 변화하면서 1+7

사진 75. 연꽃무늬수막새, 부여 금성산

과의 연자를 장식한 유형이 있다. 이와 같은 막새형은 앞의 판단융기형(사진 71)과 시기적인 차이를 보이면서 제작되어 또 다른 다양성을 살필 수 있게 되었다.

그리고 부여의 금성산건물터에서 수집된 막새(사진 75)는 절반 가량이 파손되었으나 꽃잎 끝의 반전수법이 볼륨의 조정에 의하여 권선(圈線)을 이루면서 융기하고 있다. 이와 같은 반전수법은 뒤의 곡절소판형과 그 반전수법이 관련되어 있는데 연꽃잎의 끝이 꺾이지 않고 볼륨의 조정에 의하여 자연스럽게 권선만을 이루고 있는 점에 서로 다른 차이를 두어 판단융기형으로 분류하게 되었다. 그런데 사이잎인 간판은 구획선이 없는 삼각형의 판두만을 새기고 있고 자방이 약간 파손되어 있으나 1+4과의 연자를 배치하고 있다.

부여의 금강사지(金剛寺址)에서 출토된 판단융기형(사진 76)은 8엽의 연꽃무늬가 부드러운 곡면을 이루면서 반전되어 있다. 연꽃잎의 볼륨

사진 76. 연꽃무늬수막새, 부여 금강사지

이 판중(瓣中)에 이르러 후육해 지다가 급격히 낮아지면서 그 끝이 약간 치켜져 솟고 있다. 자방은 부조형으로 외측에 원권을 두르고 있는데 1+5과의 연자를 놓고 있다. 그리고 이 외에 판단융기형은 부여의 구교리(舊校里)에서도 약간씩 수집되고 있다. 그런데 이전에는 판단융기형의 출토의 예가 아주 적어 웅진시기에 출현한 판단융기형과 단절된 것으로 파악되었으나 요즈음 그 예가 점차 증가하여 서로 관련이 있음을 살필 수 있게 되었다. 그리고 그 제작시기도 웅진시기에 뒤이어 7세기 전반까지 오랫동안 제작된 것으로 생각되고 있다.

나. 판단장식형

판단장식형은 연꽃잎 끝의 장식성에서 형식적인 변화를 찾을 수 있는데 원형돌기식(圓形突起式)과 삼각돌기식(三角突起式)으로 구분되고 있다. 원형돌기식은 꽃잎 끝에 원형의 돌기나 주문상(珠文狀)의 소돌기가 장식되고 있는 것을 형식화한 것으로 웅진시기에 이미 나타나 매우 성행하였다. 그런데 원형돌기식은 사비시기에도 약간씩 다른 차이를 보이면서 계승되고 있는데 6세기 중반경부터 새로 출현하게 되는 삼각돌기식이 유행하게 되면서 점차 전환되고 있음을 알 수 있다.

① 원형돌기식

사비시기의 원형돌기식은 웅진시기의 형식을 그대로 계승한 막새형이 기본이 되고 있다. 그러나 꽃잎 끝의 반전상태와 그 변화, 그리고 자방(子房)의 연자수와 그 외측에 두른 원권이나 꽃잎수의 차이에 따라 다양한 변화를 보이고 있다. 그런데 부여에서 출토한 웅진시기의 원형돌기식이 이미 존재하고 있고 백제가 사비에 천도한 직후에도 동형의 기와가 계속 제작되었을 것으로 간주되므로 6세기 중반까지의 사비시기의 원형돌기식은 유형상 큰 차이가 없다.

부여의 군수리절터와 동남리(東南里)에서 출토된 원형돌기식(사진 5·77·78)은 동형의 기와로 모두 8엽의 균정된 연꽃무늬가 배치되고 있다. 연꽃잎은 볼륨에 의하여 부드럽게 곡면(曲面)을 이루면서 그 끝이 솟아오르면서 원형돌기가 달려 있다. 사이잎인 간판은 구획선을 지닌 판두형(瓣頭形)으로 웅진시기에 성행한 원형돌기식을 닮고 있다. 비교적 넓은 자방에는 1+8과의 연자가 놓여 있고 약간 높은 주연부는 소문대이다. 그런데 이와 같은 막새형은 삼각돌기식이 나타나기 시작하는 6세기 중반까지 주류를 이루었던 것으로 백제가 사비에 천도한 직후의 대표적인 와당양식이 되어 사비천도 초기의 활달한 기상을 잘 나타내주고 있다.

부여의 구아리(舊衙里)유적에서는 연꽃잎 안에 문자가 새겨진 원형돌

사진 77. 연꽃무늬수막새, 부여 군수리절터

사진 78. 연꽃무늬수막새, 부여 동남리

기식이 출토되어 중요시되고 있
다(사진 79). 8엽의 연꽃무늬가
배치되고 있는데 꽃잎 끝이 급격
히 솟아오르면서 그 끝에 원형돌
기가 달려 있다. 문자는 한 꽃잎
안에 '천(天)'자와 '왕(王)'자를
한 글자씩 두 군데에 새겨 놓았
는데 두 문자를 합하여 '천왕'으
로 부르기도 한다. 따라서 이 '천
왕'의 명문에 의하여 구아리유적

사진 79. 연꽃무늬수막새, 부여 구아리유적

이 천왕사(天王寺)로 불리기도 했으나 이 '천왕'이 당시의 절이름[寺
名]인지는 아직 확실하지가 않다. 그러나 그 명문(銘文)이 지니고 있는

의미에 따라 구아리유적은 불교 또는 불교사원과 밀접한 관련이 있는 것으로 간주되고 있다. 그러나 최근의 발굴조사에서 유적의 훼손이 극심하여 백제시대의 우물터 이외에는 별다른 유구가 발견되지 않아 잘 파악되지 않고 있다. 그러나 6세기 중반 초에 제작된 것으로 간주되는 원형돌기식의 수막새에 '천왕'으로 복원되는 문자가 새겨져 있는 것은 백제기와에 처음 있는 예로서 매우 중요하다. 구아리유적이 극심하게 훼손되었지만 출토유물을 통한 유적의 성격규명에 앞으로 많은 도움을 줄 것으로 예상되고 있다. 특히 구아리유적에서는 제작시기가 웅진시기까지 소급되는 원형돌기식(사진 55)이 함께 출토되고 있어서 '천왕'의 문자가 새겨진 연꽃무늬수막새의 중요성은 더욱 높아지고 있다.

  사비시기의 원형돌기식은 6세기 중반을 경계로 하여 그 장식의장이 서서히 변화하기 시작한다. 부여의 금성산과 정림사지에서 출토한 원형돌기식은 균정된 8엽의 연꽃무늬가 배치되고 있으나 새로운 장식요소가 나타나고 있음을 알 수 있다. 금성산에서 수집한 수막새(사진 80)는 연꽃무늬의 외측에 커다란 원권(圓圈)이 둘러져 있고 부조형의 자방에는 1+7과의 연자가 놓여 있다. 그리고 정림사지에서 출토한 수막새(사

사진 80. 연꽃무늬수막새, 부여 금성산

사진 81. 연꽃무늬수막새, 부여 정림사지　　　사진 82. 연꽃무늬수막새, 부여 가탑리절터

진 81)는 연꽃잎 끝에 소돌기가 달려 있는데 자방의 외측에 원권이 생기고 1+7과의 연자를 놓고 있다. 따라서 백제의 수막새는 6세기 중반부터는 전통적인 연꽃무늬에 원권이나 꽃의 윤곽선인 화륜권(花輪圈) 등의 새로운 장식의장이 첨가되기 시작하고, 자방의 연자수도 웅진시기부터 정착되었던 1+8과와 1+6과 이외에 1+7과·1+5과·1+4과 등의 다양한 변화가 나타나기 시작한다.

　부여의 가탑리절터[佳塔里寺址]에서 수집한 수막새(사진 82)는 연꽃잎의 볼륨이 후육(厚肉)한 편으로 꽃잎 끝의 원형돌기가 굵은 모습이다. 그러나 비교적 넓은 자방에는 1+6과의 연자가 놓여 있어 원형돌기식의 전통성을 그대로 보여주고 있다. 그러나 부여의 구아리유적에서 출토된 수막새(사진 83)와 정림사지에서 출토된 수막새(사진 84)는 연꽃잎의 주변에 화륜권이 돌려져 있거나, 자방의 외측에 두 줄의 원권이

사진 83. 연꽃무늬수막새, 부여 구아리유적

사진 84. 연꽃무늬수막새, 부여 정림사지

돌려지면서 연자가 1+4과로 변
화하는 모습으로 점차 새로운 장
식요소가 첨가되기 시작한다. 그
리고 부여 가탑리절터에서 수집
한 수막새(사진 85)는 연꽃잎 끝
의 반전수법이 원형돌기에서 작
은 주문상(珠文狀)의 소돌기로
바뀌면서 원권을 두른 자방이 아
주 작게 축소되는 간략화의 경향

사진 85. 연꽃무늬수막새, 부여 가탑리절터

이 나타나기 시작한다. 따라서 이와 같은 장식 요소의 첨가와 간략화의
경향은 6세기 후반을 거쳐 7세기 전반 초에도 나타나고 있는 백제와당
의 주요한 전환성임을 알 수 있다. 그런데 이러한 전환성은 삼각돌기식

사진 86. 연꽃무늬수막새, 공주 공산성   사진 87. 연꽃무늬수막새, 익산 미륵사지

이 6세기 중반부터 새로운 백제와당형식으로 나타나기 시작하여 크게 유행하게 됨으로써 전통적인 웅진시기의 와당형식을 대체해 나가는 직접적인 계기에서 비롯되었다고 할 수 있다.

백제의 원형돌기식은 7세기 전반 초가 되면 공주의 공산성(公山城)과 익산의 미륵사지(彌勒寺址)에서 출토된 수막새(사진 86·87)와 같이 자방의 연자가 1+8+17과의 3열로 배열되는 새로운 변화를 보이기 시작한다. 그러나 연꽃잎 끝의 반전수법은 웅진시기의 형식을 그대로 이어받고 있어서 원형돌기식이 백제 후기까지 오랫동안 계속되고 있음을 알 수 있다. 그런데 이와 같은 계속성은 부여의 왕흥사지(王興寺址)와 중정리(中井里)에서 출토된 막새에서 확인되고 있다. 왕흥사지에서 출토된 수막새(사진 88)는 비교적 균정된 8엽의 연꽃무늬가 배치되고 있는데 꽃잎 끝의 반전수법도 전통적인 원형돌기식임을 알 수 있다. 그러

사진 88. 연꽃무늬수막새, 부여 왕흥사지   사진 89. 연꽃무늬수막새, 부여 용정리건물터

나 사이잎인 간판은 구획선이 생략된 판두형(瓣頭形)으로 변형된 모습을 하고 있다. 그리고 부여 용정리건물터에서 수집한 수막새(사진 89)는 후육한 8엽의 연꽃무늬가 배치되고 있는데 연꽃잎이 광폭하여 원형상을 보이고 있다. 간판도 구획선이 없는 판두형이다. 그런데 자방은 원권을 두른 평면형(平面形)으로 넓은 편인데 작은 테두리가 있는 1+5과의 연자가 놓여져 이채롭다.

② 삼각돌기식

삼각돌기식은 연꽃잎 끝의 중심부가 삼각형으로 변형되어 반전되어 있거나 그 끝에 삼각형상의 돌기가 장식되고 있는 것을 형식화한 것이다. 이와 같은 막새형은 백제에서는 6세기 중반경부터 제작되기 시작하여 서기 600년을 전후하여 매우 성행하게 된다.

사진 90. 연꽃무늬수막새, 부여 능산리절터

삼각돌기식은 앞의 원형돌기식과 더불어 백제에서 가장 유행한 대표적인 와당형으로 백제적인 특성을 잘 발휘하고 있다. 그리고 삼각돌기식은 웅진시기에 정형화된 원형돌기식이 새로운 장식성을 띠게 하는 주요한 배경이 되었고, 6세기 중반부터 7세기 전반 사이에 도성 내외에서 활발하게 이루어지는 여러 가지 국가적인 조영사업에 따라 많은 수량이 제작되어 이 시기의 대표적인 막새형으로 곧바로 자리를 잡게 되었다. 그런데 삼각돌기식은 돌기의 모양이나 굵기 그리고 그 예각상태(銳角狀態)와 꽃잎 안쪽으로의 이입(移入) 등과 같은 반전수법에 따른 차이를 지니면서 자방의 연자수나 자방 외측의 원권의 설정 등 장식적인 특성을 보이며 다양하게 변화하고 있음을 알 수 있다.

부여의 능산리절터에서 출토된 수막새(사진 90)는 8엽의 후육한 연꽃무늬가 배치되고 있는데 그 제작시기가 6세기 중반경으로 간주되고 있어서 중요시되고 있다. 연꽃잎 끝은 삼각돌기가 달려 있는 반전수법을 보이고 있고 간판은 구획선을 지닌 판두형이다. 그리고 자방은 아주 넓은 편인데 1+8과의 연자를 놓고 있고 막새의 주연부는 장식이 없는 소문대(素文帶)임을 알 수 있다. 그런데 이 수막새는 능산리사원의 창건와당(創建瓦當)으로 추정되어 그 제작시기는 물론 사원의 연구에 좋은 자료가 되고 있다.

그런데 부여의 능산리절터의 목탑지(木塔址)에서는 창왕명사리감(昌王銘舍利龕)이 출토되어 목탑은 물론 사리감의 조성시기(서기 567년)를 밝힐 수 있었다. 그런데 사리감의 양면에는 '백제창왕십삼년태세재정해매형공주공양사리(白濟昌王十三年太歲在丁亥妹兄公主供養舍利)'의 명문이 새겨져 있다. 그런데 창왕(昌王)은 백제의 위덕왕(威德王)으로 성왕(聖王)의 태자인데 서기 554년에 왕위에 오른다. 이 사리감은 성왕의 위업을 가리기 위하여 위덕왕의 누이인 공주가 서기 567년에 사리를 공양했다는 내용으로 사원의 창건이 왕실과 밀접한 관련이 있음을 알 수 있다. 따라서 이 목탑의 조성시기가 곧 능산리사원의 창건시기임을 알 수 있는데, 삼각돌기식으로 반전되고 있는 이 수막새(사진 90)가 능산리사원의 창건와당으로 간주되고 있다. 능산리절터에서는 웅진시기에 해당하는 원형돌기식을 비롯하여 사비시기의 삼각돌기식 등 다양한 수막새가 출토하였다. 그런데 이 수막새보다 선행하는 원형돌기식과 6세기 후반 이후에 사용된 여러 가지 개수용(改修用)의 기와는 그 출토수량이 많지 않아 약간에 지나지 않고 있다. 그런데 이 수막새는 그 출토수량이 아주 많아 다른 수막새에 비하여 그 출토비율이 매우 높은 70% 내외를 차지하고 있어서 당시의 창건와당으로 짐작되고 있다. 따라서 능산리절터에서 출토된 이 수막새는 6세기 중반경에 제작된 것으로 간주되고 있는데 사비시기에 삼각돌기식이 출현하게 되는

사진 91. 연꽃무늬수막새, 부여 부근

사진 92. 연꽃무늬수막새, 부여 능산리절터

시점을 살필 수 있는 중요한 편년적(編年的)인 자료가 되고 있다.

　부여에서 수집한 수막새(사진 91)는 8엽의 후육(厚肉)한 연꽃무늬가
배치되어 있는데, 꽃잎 끝의 삼각돌기식의 반전수법과 간판의 모습이
정제되어 안정감을 보이고 있다. 그리고 능산리절터에서 출토된 수막
새(사진 92)는 자방이 약간 축소되어 연꽃잎이 긴 편이나 전체적으로
정제되어 있다. 그리고 꽃잎 끝의 반전수법이 경미하지만 날카로운 모
습이다. 그런데 이 두 수막새는 형식적인 차이를 지니고 있지만 연꽃잎
과 간판이 비교적 균정되어 있고 자방의 연자도 1+8과를 놓고 있어서
삼각돌기식의 막새형이 6세기 중반 이후에 정착되어 가는 모습을 잘
보여주고 있다.

　부소산성(扶蘇山城)과 금성산에서 출토된 수막새(사진 93·94)는 삼
각돌기가 꽃잎 속으로 이입되어 있는 듯한 반전수법을 보이고 있으며

사진 93. 연꽃무늬수막새, 부여 부소산성 · 사진 94. 연꽃무늬수막새, 부여 금성산

서로 유사한 기와로서 6세기 후반경에 제작되었다. 자방이 축소되어 연꽃잎이 세장(細長)한데 꽃잎과 간판의 볼륨은 약한 편이다. 낮고 좁아진 자방에는 1+8과의 작은 연자를 장식하고 있다. 그런데 이와 같은 와당형은 6세기 말경에 창건된 일본의 아스카데라(飛鳥寺)의 창건와당으로 간주되고 있는 수막새(사진 181)의 선행양식으로 그 직접적인 영향관계를 살필 수 있다.

그리고 수막새의 자방이 부조형으로 1+8과의 연자를 장식한 연꽃무늬수막새(사진 95)가 보령 성주사지(聖住寺址)에서 출토되었다. 그런데 성주사는 부여에서 멀리 떨어진 충청남도 보령군 성주산에 위치하고 있다. 숭암산성주사사적(崇岩山聖住寺事蹟)에 의하면 오함사(烏含寺)를 전신(前身)으로 백제의 법왕(法王 : 재위기간 서기 599년~660년) 때에 창건되었다고 한다. 그리고 성주사는 통일신라의 문성왕(文聖王 :

사진 95. 연꽃무늬수막새, 보령 성주사지

재위기간 서기 839년~857년)
때에 낭혜화상(朗慧和尙)이 중창
하여 절이름을 성주사로 불렀던
것으로 보인다. 따라서 성주사의
사적기에 의하여 성주사의 전신
인 오함사가 서기 600년을 전후
한 시기에 창건되었음을 알 수
있고, 성주사지에서 출토된 이
수막새는 창건 당시의 와당으로
추정되고 있다. 연꽃무늬는 정제된 모습으로 꽃잎 끝에 굵은 삼각돌기
가 달려 있으며 간판은 구획선이 없는 판두형으로 변형되어 있다.

백제의 수막새는 때로는 자방에 장식된 연자수나 그 외측에 설정된
원권의 유무 또는 자방이 부조형이나 평면형에 따라 시기적인 차이를
살필 수가 있다. 원형돌기식의 수막새는 자방의 연자배열이 1+8과와
1+6과가 기본이 되고 있고 삼각돌기식의 수막새는 자방의 연자배열이
1+8과와 1+4과가 기본이 되고 있다. 그런데 원형돌기식은 자방의 연
자배열이 웅진시기에 이미 확립되었고, 삼각돌기식은 자방의 연자배열
이 1+8과인 경우는 6세기 중반경에, 1+4과인 경우는 6세기 후반경에
확립되었다고 할 수 있다. 그런데 이와 같은 전통적인 원형돌기식이나
삼각돌기식의 수막새는 그 자방의 형태도 부조형이 주류를 이루고 있
음도 주요한 특징이 되고 있다. 따라서 이 이외의 연자배열이나 자방의

사진 96. 연꽃무늬수막새, 부여 부소산성　　　사진 97. 연꽃무늬수막새, 부여 쌍북리

형태는 기본형에서 벗어난 변형된 모습이며 장식적인 의미가 많은 편이나 주류를 이루지는 못하였다.

6세기 말경이나 7세기 전반경이 되면 원권을 두른 평면형의 자방에 연자배열이 1+8과, 1+6과, 1+5과, 1+4과의 다양한 변화를 나타내고 있다. 부여의 부소산성에서 출토된 수막새(사진 96)는 볼륨이 매우 약한데 삼각돌기가 달려 있고 원권을 두른 자방에는 1+8과의 연자를 놓고 있다. 부여의 쌍북리유적에서 출토된 수막새(사진 97)는 삼각돌기식의 반전이 아주 강하여 꽃잎 끝이 갈라지는 듯한 모습을 보이기도 한다. 그런데 자방의 외측에 원권을 두른 평면형(平面形)임을 알 수 있다. 그리고 능산리 절터에서 출토된 수막새(사진 98)는 원권을 두른 넓은 자방에 1+6과의 작은 연자(蓮子)를 놓고 있고, 군수리절터에서 수집한 수막새(사진 99)는 자방의 모습이 능산리 출토품과 비슷하나 연꽃잎의

사진 98. 연꽃무늬수막새, 부여 능산리절터   사진 99. 연꽃무늬수막새, 부여 군수리절터

사진 100. 연꽃무늬수막새, 부여 동남리   사진 101. 연꽃무늬수막새, 부여 동남리

반전이 강하여 그 일부의 선각이 꽃잎의 안쪽으로 이입되고 있다.

부여 동남리에서는 웅진시기의 원형돌기식의 수막새 이외에 사비시기의 수막새가 다양하게 출토되었다. 동남리유적은 일제강점기에 발굴조사가 실시되어 탑이 없는 백제시대의 절터로 간주되었다. 그러나 최근에 다시 실시한 발굴조사에서 동남리유적은 절터가 아닌 다른 성격의 건물터로 확인되어 주목되었다. 동남리에서 출토된 두 수막새(사진 100·101)는 삼각돌기식으로 유사한데, 연꽃잎의 수가 8엽과 9엽으로 차이를 보이고 있어서 이채롭다. 각 연꽃무늬는 정제되고 있는데 원권을 두른 평면형의 자방에 연자배열이 두 수막새 모두 1+5과를 보이고 있다.

 부여 관북리와 부여 부근에서 출토된 수막새(사진 6·102)는 8엽의 연꽃무늬가 배치되고 있는데 6세기 후반경에 제작된 삼각돌기식으로서 백제의 와당형을 대표하고 있다. 연꽃잎의 끝은 굵은 삼각돌기가 달려 있고 넓은 자방에는 1+4과의 연자를 놓고 있다. 이 수막새는 연꽃무늬가 전체적으로 균정되고 볼륨이 후육(厚肉)한 편인데 많은 수량이 부여의 여러 유적지에서 출토되고 있다. 부여의 군수리절터에서는 이와 비슷한 동형의 기와(사진 103)가 출토되고 있는데 두 수막새 모두 부여의 정암리가마에서 생산하여 공급된 것이다. 그런데 이와 같은 삼각돌기식은 7세기 초까지 약간의 변화를 거치면서 주류를 형성하게 되는데 부여의 부소산절터[扶蘇山廢寺址]에서 출토된 수막새(사진 104)는 연꽃잎 뿐만이 아니라 삼각돌기의 굵기나 간판의 볼륨이 약화되는 모습을 보이고 있다. 그리고 공주에서 수집된 수막새(사진 105)는 그 동범와당이 부여의 쌍북리유적에서도 출토되고 있는데 삼각돌기식의 수막새로서 1+4과의 연자를 배치한 자방이 원권을 두른 평면형이라는 점이

사진 102. 연꽃무늬수막새, 부여 부근   사진 103. 연꽃무늬수막새, 부여 군수리절터

사진 104. 연꽃무늬수막새, 부여 부소산절터   사진 105. 연꽃무늬수막새, 공주 부근

이례적이다.

　삼각돌기식의 수막새는 7세기 초반이 되면 삼각돌기 뿐만이 아니라 자방의 연자배열에 많은 변화를 일으키기 시작한다. 부여의 관북리 추

사진 106. 연꽃무늬수막새, 부여 관북리   사진 107. 연꽃무늬수막새, 부여 부소산절터
추정왕궁지

정왕궁지에서 출토된 수막새(사진 106)는 후육(厚肉)한 연꽃잎에 작은
삼각돌기가 달려 있는데 좁아진 자방에는 밀집된 연자가 3열로 배치되
어 있다. 이와 같은 자방의 연자배열은 부여 부소산절터에서 출토된 수
막새(사진 107)에서도 마찬가지이며 연꽃잎 끝의 삼각돌기가 선각화되
어 꽃잎 안쪽으로 깊게 이입되고 있다. 그런데 부소산절터는 부소산(扶
蘇山)의 서쪽 기슭에 위치하고 있는데 종래는 서복사지(西腹寺址)로 불
리어 왔다. 중문(中門)·탑·금당이 남북일선상에 놓여진 단탑일금당
식의 가람형식을 보여주고 있는데 백제사원으로서 유일하게 강당이 설
치되어 있지 않아 특수하다. 그런데 강당이 생략된 것은 이 사원이 궁
성 가까이에 위치하고 있어서 백제의 왕실과 관련이 깊은 내원사찰(內
願寺刹)로 간주되었기 때문인 듯하다. 현재 발굴조사를 거쳐 사역(寺
域)이 잘 정비되고 있는데 출토유물을 통하여 7세기 초반경에 창건된

사진 108. 연꽃무늬수막새, 부여 외리유적　　　　사진 109. 연꽃무늬수막새, 부여 외리유적

것으로 보고 있다.

　삼각돌기식의 연꽃무늬수막새는 7세기 초반이 되면 여러 가지 변화를 거치면서 곡절소판형의 막새형이나 자엽(子葉)이 장식된 연꽃무늬수막새로 점차 대체되어 간다. 그런데 이와 같은 전환은 7세기 초반부터 본격화되기 시작하는 백제문화의 장식성으로 간주되고 있는데 연꽃무늬수막새와 문양전돌이 이를 이끌고 있음을 알 수 있다. 부여의 외리(外里)유적에서 출토된 수막새(사진 108)는 8엽의 연꽃무늬가 배치되고 있는데 굵은 삼각돌기식의 반전수법을 보이고 있다. 그런데 넓은 자방에는 1+5+9과의 연자를 3열로 배열되고 있고 그 외측에 연주무늬[連珠文]가 돌려지고 있는 새로운 장식성을 나타내고 있다. 그리고 또 외리유적에서 출토된 수막새(사진 109)는 연꽃무늬가 밖으로 돋아지지 않고 안쪽으로 들어간 내만된 모습인데 연꽃잎 안에 두 개의 작은 원무

늬[圓文]가 찍혀 있다. 자방에도 1+5과의 연자를 표시하고 있는데 연꽃잎 안에 찍혀진 원무늬와 같다. 그런데 이 수막새는 삼각돌기식의 연꽃무늬가 배치된 완형(完形)의 수막새를 와범(瓦范)으로 대체하여 눌러 찍어낸 것으로 짐작되고 있는데 수키와의 접합 등 그 제작수법이 이미 퇴락하고 있다.

다. 곡절소판형

곡절소판형은 연꽃잎이 끝에 이르러 구부러져 각을 이루고 꺾이면서 그 끝이 소엽상(小葉狀)으로 반전되는 모습을 형식화시킨 것이다. 이 막새형은 서기 600년을 전후하여 새롭게 나타나기 시작한 것으로 연꽃잎의 끝이 곡절(曲折)되기 때문에 꽃잎 안의 볼륨이 원형 또는 타원형으로 돌출되고, 꽃잎을 감싸는 화륜권(花輪圈)이 점차 나타나게 되어 연꽃무늬의 꽃모양 자체가 크게 변화하게 된다. 따라서 간판은 구획선이 생략된 삼각형의 판두로 점차 간략화하기에 이른다. 그리고 연꽃잎 안의 볼륨이 축소되면서 그 자체가 판육자엽(瓣肉子葉)으로 변형되어 유문단판(有文單瓣)양식(사진 123)으로 전환되어 새로운 모습으로 전개되고 있음을 알 수 있다.

곡절소판형은 공주의 대통사지(大通寺址)에서 수집된 수막새(사진 110)가 가장 이른 시기에 제작된 것으로 보인다. 약간 파손되고 있으나 연꽃잎의 끝이 곡면을 이루면서 굴곡된 모습으로 꺾이면서 그 끝이 소엽상(小葉狀)으로 반전되고 있다. 그러나 간판은 구획선을 지닌 삼각형

사진 110. 연꽃무늬수막새, 공주 대통사지   사진 111. 연꽃무늬수막새, 부여 금강사지

의 판두이며 부조형의 넓은 자방에는 1+6과의 연자가 놓여 있는데 6세기 후반경에 제작된 것으로 간주되고 있다.

곡절소판형은 7세기 초반에 이르면 부여의 금강사지(金剛寺址)에서 출토된 수막새(사진 111)와 같은 새로운 형식으로 점차 정착되고 있다. 부여 부근(사진 112)이나 부여 왕흥사지(사진 113)에서 수집한 수막새는 자방이 부조형으로 1+6과의 연자를 놓고 있으나 꽃잎 끝의 꺾임이 훨씬 더 강조되고 있다. 그리고 꽃잎의 화륜권도 뚜렷하여 간판은 구획선이 없는 약화된 판두(瓣頭)만이 남아 있게 된다. 그런데 금강사지는 부여군 은산면 금공리에 위치하고 있는데 가람형식은 단탑일금당식으로 그 중심축이 남북일선상이 아닌 동서일선상의 동향가람(東向伽藍)으로 중요시되고 있다. 금강사라는 절이름은 고려시대에 제작된 문자기와에서 확인된 것으로 이 절이름이 백제시대의 절이름인지는 알 수

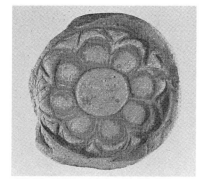

사진 112. 연꽃무늬수막새, 부여 부근　　　　사진 113. 연꽃무늬수막새, 부여 왕흥사지

가 없다. 그리고 왕흥사지는 부여군 규암면 신리에 위치하고 있는데 앞
쪽에 흐르는 백마강과 더불어 주변의 경관이 매우 수려했던 곳으로 알
려지고 있다. 왕흥사는 백제의 법왕(法王) 2년(서기 600년)에 창건되었
는데 아직 사역의 전체 모습은 살필 수가 없으나 '왕흥(王興)'의 문자
기와가 출토되어 백제 시대의 절이름을 확실하게 밝힐 수 있었다. 따라
서 금강사지나 왕흥사지에서 출토한 곡절소판형은 7세기 초반에 제작
된 것임을 알 수 있는데 익산의 제석사지나 왕궁리유적에서 출토되고
있는 곡절소판형과 함께 7세기 전반경에 꽤 성행했던 주요한 막새형임
을 알 수 있다.

　곡절소판형은 부조형의 자방에서 원권을 두른 평면형의 자방으로 바
뀌기도 하는데 시기적인 차이는 많지 않은 것으로 생각되고 있다. 금강
사지에서 출토된 수막새(사진 114)는 8엽의 정제된 연꽃무늬가 배치되

사진 114. 연꽃무늬수막새, 부여 금강사지

사진 115. 연꽃무늬수막새, 익산 제석사지

사진 116. 연꽃무늬수막새, 익산 왕궁리

사진 117. 연꽃무늬수막새, 익산 제석사지

고 있는데 넓은 자방의 외측에 원권을 두른 채 1+8과의 연자를 놓고 있
다. 그러나 연꽃잎의 곡절은 심하지 않으며 간판의 구획선도 화륜권으
로 바뀌지 않고 아직 남아 있는 모습이다. 그러나 이와 같은 곡절소판

형은 부여 금강사지(사진 7)와 익산 제석사지(帝釋寺址 : 사진 115 · 117), 그리고 왕궁리(王宮里)유적(사진 116)에서 출토된 수막새와 같이 연꽃잎에 화륜권이 형성되고 간판은 구획선이 생략된 새로운 막새형으로 곧바로 전환되고 있음을 알 수 있다. 그런데 익산의 제석사지와 왕궁리유적에서 출토된 곡절소판형의 수막새를 보면 원권을 두른 평면형의 자방에 연자가 1+6과 · 1+5과 · 1+4과 등이 배치되어 서로 다른 세부적인 차이를 나타내기도 한다.

곡절소판형은 이와 같이 부여의 금강사지와 왕흥사지 · 익산의 제석사지와 미륵사지 그리고 왕궁리유적 등지에서 많은 수량이 출토되어 7세기 전반기에 상당히 유행한 막새형임을 알 수 있다. 따라서 7세기 초반은 소문단판양식의 새로운 장식의장인 곡절소판형의 출현과 함께 유문단판(有文單瓣)양식의 꽃술자엽형(사진 124 · 125) · 인동자엽형(사진 127)의 또 다른 막새형이 개발되면서 백제의 수막새가 소박하고 단순한 의장에서 벗어나 화려한 장식성을 띠기 시작하는 중요한 변혁기를 맞이했던 시기라고 할 수 있다.

(2) 유능단판양식(有稜單瓣樣式)

수막새에 배치된 연꽃잎의 볼륨이 후육(厚肉)한데, 꽃잎 안에 세로 방향으로 능선을 새기거나 능각(稜角)현상이 나타나고 있는 막새형을 양식적으로 분류하였다. 이와 같은 막새양식은 백제에서는 소수의 예에 지나지 않으나 꽃잎 끝의 형태에 따라 여러 가지의 형식으로 나누어지고 있다.

① 능선첨형형식(稜線尖形形式)
세장한 연꽃무늬의 꽃잎 안에
능선이 새겨지고 그 끝이 날카로
운 모습을 보이고 있는 막새형이
다. 부여의 쌍북리(雙北里)유적
에서 출토된 수막새(사진 118)는
고구려 계통의 백제와당으로 중

사진 118. 연꽃무늬수막새, 부여 상북리

요시되고 있다. 파손복원품으로 막새면을 두 줄의 구획선으로 4등분하
고 볍씨 모양의 연꽃잎을 각각 배치하고 있다. 세장한 연꽃잎은 화륜권
이 있고 꽃잎 끝은 날카로운 첨형(尖形)을 이루고 있는데 꽃잎 안에는
굵은 능선이 새겨져 있다.

간판은 매우 특이한데 능형의 세선각이 돌려진 삼각형상의 판두(瓣
頭) 모양으로 볼륨이 강한 편이다. 자방은 원권을 두른 평면형으로 1+4
과의 연자를 놓고 있으나 간판은 판두와 같은 능형(稜形)의 삼각형상이
다. 그런데 이와 유사한 수막새가 부여의 용정리(龍井里)유적에서도 출
토되고 있는데 막새면을 두 줄의 구획선으로 4등분한 것이나 볍씨 모
양의 연꽃잎에서 고구려의 영향을 받아 제작된 고구려 계통의 막새임
을 알 수 있다.

② 능선원형형식(稜線圓形形式)

연꽃잎 안에 가는 능선이 새겨
지고 그 끝이 후육(厚肉)해지면
서, 원형상의 곡면을 이루고 있
는 막새형이다. 부여의 동남리에
서 수집된 수막새(사진 119)는 비
교적 후육한 연꽃잎 안에 능선이
새겨지고 꽃잎 끝이 원형을 이루
고 있다. 그리고 자방은 원권을

사진 119. 연꽃무늬수막새. 부여 동남리

두른 평면형으로서 1+8+8과의 밀집된 연자를 배치하고 있는데 7세기
전반경에 제작된 것으로 보인다.

용정리절터는 부여읍 용정리에 위치하고 있는데 그동안 발굴조사를
거쳐 단탑일금당식의 백제시대의 가람형식이 밝혀지게 되었다. 그런데
용정리절터에서는 많은 수량의 기와류가 출토되었다. 웅진시기에 해당
하는 원형형돌기식을 비롯하여 사비시기의 여러 막새형이 출토되어 사
원의 연구 뿐만 아니라 기와의 연구에 좋은 자료가 되고 있다.

③ 능선반전형식(稜線反轉形式)

연꽃잎 안에 능선이 새겨지고 그 끝이 원형돌기식이나 삼각돌기식으
로 반전되고 있는 막새형이다. 연꽃잎 끝이 원형돌기식으로 반전되고
있는 수막새(사진 120)는 부여의 중정리에서 출토하고 있다. 후육한 8

사진 120. 연꽃무늬수막새, 부여 중정리   사진 121. 연꽃무늬수막새, 부여 금강사지

엽의 연꽃무늬가 배치되고 있는데 능선이 새겨진 연꽃잎 끝이 솟아오
르면서 원형돌기가 달려 있다. 자방은 평면형으로 그 외측에 원권이 있
는데 1+6과의 연자를 놓고 있다.

 연꽃잎 끝이 삼각돌기식으로 반전되고 있는 수막새는 부여의 금강사
지에서 출토(사진 121)되고 있다. 절반 가량이 파손되어 있는데 꽃잎
안에 능선이 새겨지고 그 끝에 삼각돌기가 달려 있다. 그런데 부조형의
자방에는 1+5과의 연자를 놓고 있는데 그 외측에는 꽃술대가 돌려져
새로운 장식성이 확인되고 있다.

 ④ 능각반전형식(稜角反轉形式)
 연꽃잎 안에 능각현상이 있고 그 끝이 삼각돌기식으로 반전되고 있는
막새형이다. 부여 부근에서 한 예(사진 122)가 수집되었다. 약간 파손

되었는데 후육한 연꽃잎 안에 세
로로 각을 이룬 능각현상이 나타
나고 있으며 연꽃잎 끝이 삼각돌
기식으로 반전되어 있다. 넓은
자방에는 1+6과의 연자를 놓고
있는데 그 외측에는 주문상의 꽃
술대가 돌려지고 있어서 7세기
초반경의 새로운 장식성을 보여
주고 있다.

사진 122. 연꽃무늬수막새, 부여 부근

(3) 유문단판양식(有文單瓣樣式)

수막새에 새겨진 연꽃잎의 끝이 반전되고 있거나 그 주변에 화륜권이
형성된 가운데 꽃잎 안에 여러 가지의 자엽(子葉)이 장식되는 막새형이
다. 백제에서는 7세기 초반부터 제작되기 시작하여 7세기 중반까지 상
당히 유행했는데 백제기와의 화려한 장식성과 함께 단아함을 확인할
수가 있다.

① 판육자엽형(瓣肉子葉型)

연꽃잎 안의 볼륨이 곡절소판형의 반전수법에 의하여 원형 또는 횡타
원형으로 축소되어 도드라지면서 형성되는 판육상(瓣肉狀)의 자엽으로
백제에서는 곡절소판형(사진 111 · 113)의 변형에서 비롯되었다.

사진 123. 연꽃무늬수막새, 부여 금강사지

부여의 금강사지에서 출토된 수막새(사진 123)는 8엽의 연꽃무늬가 배치되고 있는데 연꽃잎 안의 볼륨인 판육이 횡타원형으로 도드라져 자엽으로 변화되고 있다. 연꽃잎 끝의 곡절소판형의 반전이 아주 강하여 꺾여진 소엽(小葉)이 넓고 긴 편이다. 부조형의 넓은 자방에는 1+8과의 연자가 놓여 있는데 동형의 기와가 논산의 천호리에서도 수집되고 있다.

② 꽃술자엽형

수막새에 배치된 연꽃잎 안에 간략화된 꽃술을 장식한 막새형으로 7세기 전반경에 약간씩 제작되고 있다. 그런데 백제에서는 꽃술이 낱개로 연꽃잎 안에 자엽으로 장식되기도 하지만 자방 외측의 또 다른 장식의장으로 연이어 새겨져 화려함을 돋보이게 하고 있다.

부여의 동남리에서 출토한 꽃술자엽형(사진 124)은 연꽃잎 끝이 삼각돌기식으로 반전되고 있는데 꽃잎 안에 긴 꽃술이 장식되고 있다. 넓은 자방에는 1+8과의 연자가 놓여 있는데 부조형의 자방 외측에는 연이어진 꽃술대가 직립하고 있다. 그런데 연꽃잎 안의 꽃술자엽은 그 엽두(葉頭)가 조그만 주문상(珠文狀)이고 그 받침이 세선각으로 묘사되어

사진 124. 연꽃무늬수막새, 부여 동남리   사진 125. 연꽃무늬수막새, 익산 미륵사지

있는데 동범(同范)의 기와가 부여의 부소산성과 용정리절터에서 출토
하고 있다.

익산의 미륵사지에서는 6엽의 연꽃무늬가 배치된 단아한 수막새(사진
125)가 출토되고 있다. 연꽃잎 안에는 짧은 받침이 있는 타원상의 엽두
(葉頭)를 지닌 꽃술이 장식되어 있다. 연꽃잎은 광폭하며 원형상인데
그 끝이 삼각돌기식으로 반전되어 있고 굵은 화륜권이 형성되어 있다.
넓은 자방에는 1+6과의 연자가 놓여 있는데 6엽으로 이루어진 연꽃무
늬가 둥글고 작아 단아한 기품을 엿보이게 한다.

부여의 동남리와 정림사지에서는 화려한 장식성을 보이고 있는 수막
새(사진 8·126)가 출토되고 있다. 원형상의 연꽃잎 안에 꽃술자엽이
새겨지고 있는데 7엽의 연꽃무늬가 배치되어 있다. 연꽃잎의 반전수법
과 꽃술자엽의 형태 등이 앞의 미륵사지의 수막새(사진 125)와 거의 같

사진 126. 연꽃무늬수막새, 부여 정림사지   사진 127. 연꽃무늬수막새, 익산 미륵사지

은데 연꽃잎의 수와 자방 외측의 꽃술대 장식에서 차이를 보이고 있다. 넓은 자방에는 내측에 1+8과의 굵은 연자를 놓고 있고 그 외측에 3열로 밀집된 작은 주문상의 꽃술대를 배치하여 화려한 장식성을 나타내고 있다. 그런데 이와 같은 꽃술자엽형은 부여의 현북리(縣北里)가마터에서 제작되어 공급된 것으로 그 동범기와가 부소산절터에서 확인되고 있다.

③ 인동자엽형(忍冬子葉型)
연꽃잎 안에 인동초의 지엽(枝葉)이 배치되어 있는 막새형으로 익산의 미륵사지에서 한 예(사진 9·127)가 출토되고 있다. 수막새에는 6엽의 연꽃무늬가 배치되고 있는데 연꽃잎은 미륵사지 출토와당(사진 125)과 거의 유사하다.

익산의 미륵사지는 전라북도 익산군 금마면 기양리에 위치하고 있다. 그동안 수차례에 걸쳐 발굴조사가 이루어져 사역이 잘 정비되어 있다. 미륵사는 동서방향으로 삼탑(三塔)과 삼금당(三金堂)이 나란히 배열되고 각기 회랑을 둘러, 강당을 후면에 크게 배치하고 있는 삼원일사식(三院一寺式) 또는 삼원병렬식(三院竝列式)의 가람형식임이 확인되었다. 미륵사지는 동원(東院)과 중원(中院) 그리고 서원(西院)으로 구획되어 있는데 각 원(院)에는 중문과 탑 그리고 금당(金堂)을 1동(棟)씩 두고 있는 단탑일금당식 가람을 동서선상으로 나란히 배치하고 강당은 중원의 후면에 1동만 두고 있다. 이와 같이 미륵사는 거대한 가람임을 알 수 있는데 백제의 무왕(武王 : 재위기간 서기 600년~641년)대에 창건되었다. 따라서 미륵사지에서 출토된 기와는 대부분이 7세기 전반경에 제작되었음을 알 수 있다.

인동무늬자엽이 새겨진 수막새는 한 예에 불과하나 7세기 전반경의 백제문화를 살피는데 좋은 자료가 되고 있다. 연꽃잎은 광폭하여 원형상에 가까운데 삼각돌기식의 반전수법과 꽃잎 주변에 화륜권이 나타나 있다. 넓은 자방에는 1+6과의 연자가 놓여 있다. 그런데 이 수막새는 앞의 꽃술자엽형의 수막새, 그리고 녹유연꽃무늬연목기와(사진 12)와 함께 7세기 전반기의 백제문화의 활달한 기품과 화려한 장식성을 잘 보여주고 있다고 할 수 있다.

(2) 복판양식(複瓣樣式)

복판양식은 연꽃잎이 중앙에
·형성된 능선이나 능각에 의해 양
분된 상태에서 각각 동일한 두
개의 자엽이 장식되고 있는 막새
형을 양식적으로 분류한 것이다.
그런데 이 양식은 연꽃잎 안에
새겨진 자엽의 형태에 따라 판육

사진 128. 연꽃무늬수막새, 익산 미륵사지

(瓣肉)자엽형 · 꽃술자엽형 · 꽃
잎자엽형 · 인동자엽형 등으로 구분되고 있다. 백제에서는 판육자엽형
만이 확인되고 있는데 다른 복판양식은 대부분 통일신라시대에 성행하
게 된다.

익산의 미륵사지에서 판육자엽형의 복판양식(사진 128)이 출토되고
있다. 6엽의 단아한 연꽃무늬가 배치되고 있는데 연꽃잎이 능선에 의
해 좌우로 나누어진 상태에 판육으로 이루어진 복자엽(複子葉)이 새겨
져 있다. 연꽃잎에는 화륜권이 있고 그 끝에는 삼각돌기식의 반전수법
이 나타나 있는데 간판은 구획선이 없는 판두형이다. 넓은 자방에는
1+6과의 연자를 놓고 있다.

(3) 중판양식(重瓣樣式)

중판양식은 두 연꽃잎이 종방향으로 겹쳐져 얹혀지거나 서로 엇갈리

면서 이중으로 중첩되고 있는 막 새형을 양식적으로 분류한 것이다. 그런데 중판양식은 내측과 외측의 꽃잎 모양에 따라 단·단엽형(單·單葉型), 단·복엽형(單·複葉型), 복·단엽형, 복·복엽형, 단·중엽형(單·重葉型) 등으로 구분되고 있다. 이와 같은 다양한 중판 양식은 통일신라

사진 129. 연꽃무늬수막새, 부여 부소산성

시대에 가장 성행한 막새형으로 화려한 장식성을 잘 보여주고 있다.

백제의 중판양식은 한 예가 부여의 부소산성에서 수집되고 있다(사진 129). 막새의 지름이 8.7cm 가량인 규모가 아주 작은 수막새로 8엽의 연꽃무늬가 내외측에 중첩되고 있다. 그런데 외측의 연꽃잎에 얹혀져 있는 내측의 연꽃잎은 판형복자엽(瓣形複子葉)이 새겨져 형식적으로는 복·복엽형임을 알 수 있다. 그런데 연꽃잎은 굵은 화륜권식으로 표현되고 있는데 꽃잎 끝에 삼각돌기식의 반전수법이 나타나 있다. 간판은 구획선이 없는 삼각형상인데 넓은 자방에는 외측에 굵은 원권을 두르고 1+8과의 연자를 놓고 있다. 그런데 이 수막새는 그 출토지점이 부소산절터 부근의 성격을 알 수 없는 건물터이고 규모가 작고 막새의 형식이 특수하여 통일신라시대에 제작되었을 가능성도 있다.

2) 파무늬수막새

사비시기의 백제기와에 연꽃무늬 이외에 파무늬[巴文]가 배치된 수막새가 여러 유적지에서 출토되고 있다. 파무늬는 긴 줄과 같은 선각으로 이루어진 것으로 꽃무늬라기보다 선무늬에 가까운데 선회하는 듯한 독특한 의장에서 백제 특유의 생동감과 함께

사진 130. 파무늬수막새, 익산 제석사지

율동미가 나타나고 있다. 그런데 간혹 파무늬를 '만(卍)'자로 보는 경우가 있으나 이것은 잘못된 것으로, 그 의장이 '만'의 문자와 전혀 다름을 알 수 있다.

공주의 공산성과 익산의 제석사지에서 출토한 파무늬수막새(사진 10·130)는 4엽이 배치되고 있는데 잘 정제되고 있다. 막새의 중심에는 부조형의 자방과 같이 원형의 낮은 단이 있고 4엽의 파무늬가 좌측으로 돌아가고 있다. 이와 같은 파무늬수막새는 부여의 능산리절터·익산의 제석사지 등지에서 출토되고 있는데 7세기 전반경에 상당히 성행한 것으로 보인다.

부여의 부소산절터에서 출토한 수막새(사진 131)는 절반 가량이 파손되었으나 바람개비 모양의 파무늬가 새겨져 이채롭다. 파무늬는 공산성에서 출토한 수막새와 같이 줄모양으로 좌측으로 돌고 있으나 파무

사진 131. 파무늬수막새, 익산 제석사지   사진 132. 파무늬수막새, 익산 제석사지

늬 사이에 판육상의 부무늬[副文]가 새겨져 형식적인 차이를 보이고 있다. 동형의 기와가 부소산성의 수혈건물터에서 출토되고 있는데 바람개비와 같은 빠른 회전감을 나타내고 있다. 그리고 이와 유사한 파무늬수막새가 익산의 제석사지(사진 132)에서 수집되고 있는데 파무늬사이의 부문에 능각현상이 보이고 있어 약간의 차이가 있음을 알 수 있다.

3) 민무늬수막새

백제의 수막새에 문양이 전혀 새겨지지 않는 민무늬[無文]수막새가 제작되고 있어서 특이하다. 부여의 부소산성(사진 11)과 용정리건물터(133)에서 출토한 민무늬수막새는 주연부가 있으나 막새면에 문양이 전혀 없어 형식적인 특징을 찾아 볼 수가 없다.

민무늬수막새는 문양이 없어 제작상의 용이함도 지니고 있다. 그러나

사진 133. 민무늬수막새, 부여 용정리건물터

한편으로는 비록 문양이 없는 빈 공간이지만 그 속에는 보이지 않는 많은 문양들로 가득 채워져 있다는 백제 와공(瓦工)들의 기발하면서도 창의적인 발상을 짐작해 본다. 이와 같은 민무늬수막새는 부여의 관북리와 용정리 그리고 부여의 여러 절터에서 출토되고 있어서 파무늬수막새와 함께 7세기 전반기에 어느 정도 유행했던 새로운 막새형이라고 할 수 있다.

백제의 문양전돌

  백제에서는 한성시기부터 무늬가 없는 방형전돌이 제작 사용되었으나 약간에 지나지 않는다. 한성시기에 조영된 석촌동고분과 풍납토성(風納土城) 그리고 몽촌토성(夢村土城)에서 무늬가 없는 네모난 부전돌과 묘전돌이 약간씩 출토하였다. 그런데 백제는 공주로 천도한 다음부터 무령왕릉이나 송산리6호분과 같은 전실분(塼室墳)의 축조용으로 연꽃무늬나 동전무늬가 새겨진 문양전돌이 비로소 제작되기 시작하였다. 그리고 부여로 천도한 사비시기에 이르러 궁성이나 사원에 사용되는 약간의 부전돌과 외리유적에서 출토된 문양전돌이 제작되어 수막새에 새겨진 연꽃무늬와 함께 백제적인 특성을 잘 보여주고 있다.

  백제의 전돌은 용도와 문양 그리고 그 형태에 따라 여러 가지로 분류되고 있으나 부전돌과 묘전돌, 특수전돌 등이 있다. 그리고 이 외에 벽전돌로 간주되고 있는 외리유적에서 출토된 문양전돌이 유명하다.

1. 부전돌

 궁성이나 사원 등의 지상건축물의 바닥이나 기단에 부설되는 전돌로
민무늬전돌과 문양전돌로 구분되고 있다. 민무늬전돌은 한성시기부터
제작 사용되었다. 서울의 풍납토성과 몽촌토성에서 그동안 발굴조사를
통하여 기와와 함께 약간의 전돌이 출토되었다. 전돌에는 문살무늬나
삿자리무늬가 타흔(打痕)되고 있는데 백제 초기의 방형전돌임을 알 수
있다. 그리고 민무늬전돌은 공주나 부여로 천도한 이후에도 계속 제작
되었는데 전돌을 제작하였을 때 두드린 흔적인 삿자리나 선조의 고판
무늬[叩板文]가 남아 있다. 그리고 무늬가 새겨진 문양전돌로 연꽃무늬
가 새겨진 몇 가지 예가 있다.

1) 연꽃무늬전돌
 무늬가 배치된 전돌은 연꽃무늬전돌 뿐이다. 청양의 왕진리(往津里)
에서 출토하였다고 전하는 문양전돌(사진 134)은 연꽃무늬가 전돌 표
면의 세 곳에 배치되어 있어서 특이하다. 그런데 방형의 전돌로 파손되
어 있는데, 이 전돌이 장방형의 전돌일 경우에는 문양의 구도로 보아
현재 남아 있는 세 곳의 연꽃무늬와 깨어져 없어진 두 곳의 연꽃무늬를
합하여 모두 다섯 곳에 연꽃무늬가 배치되었을 가능성도 있다. 연꽃무
늬는 8엽으로 구성되어 있는데 꽃잎 끝에는 삼각돌기식의 반전수법이
나타나 6세기 후반경에 제작된 것으로 보인다.

사진 134. 연꽃무늬전돌, 청양 전왕진리

사진 135. 연꽃무늬전돌, 부여 부근

부여 부근에서 출토된 연꽃무
늬전돌(사진 135)은 절반 가량이
파손되어 있다. 8엽의 연꽃잎이
배치되고 있는데 볼륨이 후육이
다. 그런데 꽃잎 끝은 날카로운
첨형을 보이고 있다. 간판은 구
획선이 있는 삼각형상이며 자방
은 부조형이다.

사진 136. 연꽃무늬전돌, 부여 궁남지

부여의 궁남지(宮南池)에서 출
토한 전돌(사진 136)은 약간 파손되었으나 장방형의 전돌임을 알 수 있
다. 전돌의 한쪽에 치우쳐 7엽의 연꽃무늬가 배치되어 있는데 부여의
정림사지(사진 126)와 현북리가마터(사진 236)에서 출토된 수막새의

연꽃무늬와 동일하여 주목되고 있다. 화륜권이 있는 연꽃잎의 내부에는 꽃술자엽이 새겨져 있으며 꽃잎 끝에는 삼각돌기식의 반전수법이 나타나 있다. 간판은 구획선이 없는 판두형이다. 넓은 자방에는 1+8과의 연자를 놓고 그 외측에는 꽃술대가 3겹으로 돌려져 있어 7세기 전반경의 장식성을 보여주고 있다. 그런데 이 전돌은 부여의 현북리가마터에서 제작된 수막새의 연꽃무늬와 동일하여 그 수급관계를 짐작할 수가 있다.

이와 같이 무늬가 새겨진 백제시대의 부전돌은 약간에 지나지 않고 있다. 그러나 두 연꽃무늬전돌은 제작시기가 6세기 후반과 7세기 전반경으로 간주되고 있는데, 그 당시에 성행한 수막새의 연꽃무늬와 동일하여 그 생산에 따른 관련성이 확인되고 있다.

2. 묘전돌

묘전돌은 분묘의 축조에 사용되는 전돌로 백제에서는 웅진시기에 제작되었다. 백제의 묘전돌은 전실분과 전곽분(塼槨墳)에 사용된 것과 돌방무덤[石室墳]에 사용된 것으로 나뉘고 있다. 전실분은 공주 송산리고분군의 송산리6호분과 무령왕릉, 교촌리(校村里)고분군의 교촌리3호분이 있으며, 전곽분은 부여의 저석리(楮石里)1호분이 있다.

공주의 송산리고분군은 구릉에 20여기의 무덤이 분포하고 있는데 돌방무덤과 전실분으로 구분되며 웅진시기의 왕과 왕족의 무덤터로 알려

사진 137. 무령왕릉 북쪽벽

지고 있다. 무령왕릉(武寧王陵)과 송산리6호분(宋山里六號墳)은 전돌로 축조된 대표적인 전실분으로 연꽃무늬·동전무늬 등이 배치된 문양전돌과 무늬가 없는 민무늬전돌을 사용하여 축조하였다. 묘실은 터널형인데 널길이 남쪽 벽 중앙에 있고 전돌로 축조된 관대(棺臺)와 배수구를 갖추고 있다.

 무령왕릉(사진 34·137)은 1971년 송산리5호분과 6호분의 배수시설 공사 중에 발견된 대표적인 전실분이다. 이 능은 지석(誌石)의 발견으로 삼국시대의 무덤 가운데 무덤의 주인공을 알 수 있는 유일한 고분으로 중요시되었다. 지석에 의하면 무령왕은 서기 523년에 사망하여 525년에, 왕비는 서기 526년에 사망하여 529년에 각각 안장되었다. 부장유물은 모두 108종 2900여점에 이르고 있다. 그런데 송산리6호분(사진 138·139)은 사신도(四神圖)가 그려진 벽화무덤으로 동쪽벽에 청룡(靑龍), 서쪽벽에 백호(白虎), 북쪽벽에 현무(玄武), 남쪽벽에 주작

사진 138. 송산리6호분 모습, 공주 송산리

사진 139. 송산리6호분 서쪽벽

(朱雀)과 그 좌우로 일월(日月) 및 구름이 묘사되어 있다.

전실분의 묘실쌓기는 길이쌓기와 마구리쌓기를 되풀이하여 축조되어 있다. 그런데 전돌을 포개어 쌓아 올리는 방식이 무령왕릉에서는 4평1수(四平一竪)인데 송산리6호분은 밑에서부터 10평1수·8평1수·6평1수·4평1수의 순서로 쌓고 있어서 서로 다른 차이를 보이고 있다. 4평1수의 방식은 전돌 4매의 긴 측면이 벽면이 되도록 가로로 겹쳐 얹어 쌓은 다음에, 그 위에 전돌 1매의 작은 측면이 또 벽면이 되도록 세로로 연속하여 쌓아 올리는 전돌쌓기의 방법으로 4횡1종(四橫一縱)이라고도 한다. 따라서 전돌쌓기에 나타난 수평의 가로줄눈은 일정하나 수직의 세로줄눈이 막혀 있어 견고한 횡력(橫力)으로 벽면이 유지되고 있다.

사진 140. 저석리1호분 모습.
부여 저석리

  무령왕릉과 송산리6호분은 모두 전실분으로 조영시기의 선후관계가
아직도 많은 관심을 끌고 있다. 최근에는 무령왕릉이 송산리6호분보다
먼저 축조되었다는 설이 약간 우세한 편이다. 그리고 교촌리3호분은
전실분이지만 이미 파괴되어 그 모습을 파악하기가 어려운 상태이다.

  부여의 저석리1호분(사진 140)은 땅 밑에 장방형의 묘광(墓壙)을 파고
민무늬전돌로 쌓아 올려 덧널을 만든 전곽분으로 동서 길이가 197cm,
남북 너비가 50cm인 조그만 무덤이다. 그리고 돌방무덤에 전돌이 사용
된 것은 공주 송산리고분군의 송산리5호분과 송산리29호분이 있고, 웅
진동의 박산소(朴山所)고분과 이인면의 봉정리고분군의 돌방독무덤 등
이 있다. 그런데 송산리5호분은 횡혈식 돌방무덤으로 두 개의 관대가
전돌로 축조되었고 널길에 전돌을 사용하였다. 그리고 봉정리 돌방독
무덤은 자연할석으로 덧널을 만들고 그 안에 독을 놓았는데 덧널의 맨
윗단에 깨어진 전돌을 쌓았다.

백제의 묘전돌은 무덤의 종류에 따라 그 사용처나 전돌쌓기의 방식 그리고 문양전돌과 민무늬전돌의 차이를 보이면서 다양하게 제작되었다. 묘전돌은 그 시문단위에 따라 연꽃무늬전돌, 연꽃·문살무늬전돌, 동전무늬전돌, 동전·능격무늬전돌, 문자전돌 등으로 구분되고 있다.

1) 연꽃무늬전돌

연꽃무늬묘전돌은 장방형 또는 사다리꼴의 좁은 측면의 한쪽에 반절된 연꽃무늬를 배치한 것과 두 개의 연꽃무늬를 배치하거나 연꽃과 인동무늬가 함께 배치된 것 등 몇 가지 종류로 구분되고 있다.

반절된 연꽃무늬가 배치된 전돌(사진 16·141)은 무령왕릉에서 출토되었는데 그 동형의 전돌이 송산리6호분의 널길 폐쇄전돌(사진 142)로도 수집되고 있다. 연꽃무늬는 소문단판양식의 4엽이 반절된 전돌의 좁은 측면에 배치되어 있는데, 이 전돌이 2매1조로 한 세트를 이루어 쌓여졌을 때 8엽의 연꽃무늬를 이룰 수 있도록 의장되고 있다. 연꽃잎의 볼륨은 후육한 편인데 꽃잎 끝은 곡면을 보이면서 원형돌기식에 가까운 반전수법을 나타내고 있다. 간판은 구획선이 없는 삼각형의 판두인데 복원된 자방에는 1+6과의 연자가 놓여 있다. 그리고 전돌 측면의 네 모서리에는 작은 주문(珠文)이 새겨져 있는데 동형의 전돌에는 주문이 없는 것도 있다. 이와 같은 연꽃무늬전돌은 부여의 정동리가마터에서 생산되어 공주의 무령왕릉의 축조에 공급된 것으로 그 수급관계를 살필 수 있고, 웅진시기에 정형화되었던 원형돌기식의 수막새의 성립

사진 141. 연꽃무늬전돌, 공주 무령왕릉

사진 142. 연꽃무늬전돌, 공주 송산리6호분

에 실질적인 바탕이 되어 중요시
되었다.

그리고 반절된 연꽃무늬를 배
치한 가운데 모서리에 잎이 마주
난 인동무늬를 새긴 전돌(사진
143)이 무령왕릉에서 출토되었
다. 연꽃무늬는 앞의 연꽃무늬전
돌과 비슷한데 꽃잎 끝의 원형돌
기식의 반전수법이 강하고 복원

사진 143. 연꽃무늬전돌, 공주 무령왕릉

된 자방에는 1+8과의 연자를 놓고 있어 약간의 차이를 보이고 있다. 그
런데 전돌의 모서리에는 2엽씩 대생(對生)하고 있는 인동초를 배치하
고 좌우측의 중간에는 아주 작은 4엽꽃무늬가 반절되어 복원될 수 있

도록 장식되고 있다.

두 연꽃무늬를 장방형전돌의 좁은 측면의 한 쪽에 배치한 문양전돌(사진 144)이 송산리6호분에서 출토되었다. 그런데 동범(同范)의 전돌이 무령왕릉과 부여의 정동리가마터에서도 출토되어 그 관련성과 함께 수급관계를 살필 수가 있다. 이 문양전돌

사진 144. 연꽃무늬전돌, 공주 송산리6호분

은 전돌의 좁은 한 측면을 두 구간으로 나누고 6엽의 연꽃무늬를 배치하고 있다. 연꽃무늬는 꽃잎 수의 차이를 제외하고는 앞의 연꽃무늬전돌의 문양과 유사한데 후육(厚肉)한 볼륨에 꽃잎 끝이 원형돌기식으로 반전되고 있다. 그런데 연꽃무늬의 외곽에는 전돌의 네 모서리와 연결되는 빗금이 새겨져 있는데 연꽃·문살무늬전돌에 배치된 연꽃무늬와 서로 닮고 있다.

2) 연꽃·문살무늬전돌

장방형전돌의 긴 측면의 한 쪽에 연꽃·문살무늬를 배치한 문양전돌(사진 145)이 무령왕릉과 송산리6호분에서 출토되었다. 전돌의 측면을 3구간으로 나누고 좌우의 양쪽에는 똑같은 6엽의 연꽃무늬를 배치하였으며 중앙의 구간에는 길게 겹쳐진 문살무늬가 정교하게 새겨져 있다.

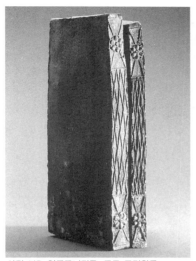
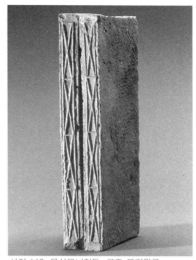

사진 145. 연꽃무늬전돌, 공주 무령왕릉   사진 146. 문살무늬전돌, 공주 무령왕릉

연꽃무늬는 후육한데, 꽃잎 끝이 원형돌기식으로 반전되고 있고 네 모
서리와 빗금으로 연결되고 있다. 연꽃무늬는 두 형식으로 구분되고 있
으나 약간의 차이만 있을 뿐이다.

3) 문살무늬전돌

장방형전돌의 긴 측면에 문살[斜格]무늬를 배치한 전돌(사진 146)이
무령왕릉에서 출토되었다. 전돌의 긴 한 측면을 네 구간으로 나누고 단
선(單線)으로 이루어진 문살무늬가 간략하게 새겨져 있다. 그런데 문살
무늬전돌 가운데 좁은 한 측면에 '중방(中方)'이란 문자가 새겨져 있기

도 하다.

4) 동전무늬전돌

장방형전돌이나 사다리꼴인 제형전돌의 좁은 측면에 오수전(五銖錢) 같은 동전무늬를 배치한 문양전돌이 송산리6호분에서 출토되었다.

장방형전돌의 좁은 한 측면을 두 구간으로 나누고 간략한 오수전무늬를 배치(사진 147)하고 있는데 네 모서리에 빗금으로 연결되고 있다. 그런데 오수전무늬는 볼륨이 없는 작은 원권 안에 네모난 구멍이 뚫린 모습으로 의장되어 있다. 그리고 사다리꼴의 전돌의 좁은 측면에 한 개의 오수전무늬를 배치(사진 148)한 이형의 전돌도 있다. 동전무늬전돌은 송산리6호분에서 수집된 것으로 널방이나 널길의 축조용으로 사용된 것인데 사다리꼴의 전돌도 있어 그 사용처에 따라 모양의 차이가 있

사진 147. 동전무늬전돌, 공주 송산리6호분

사진 148. 동전무늬전돌, 공주 송산리6호분

음을 알 수 있다.

사진 149. 동전·능격무늬전돌,
공주 송산리6호분

5) 동전·능격무늬전돌

장방형전돌의 긴 한 측면을 네 구간으로 나누고 오수전무늬와 능격(菱格)무늬를 번갈아 배치하고 있는 전돌이 무령왕릉과 송산리6호분(사진 149)에서 출토되었다. 오수전무늬는 동전무늬전돌의 오수전무늬와 같은데 구간의 차이에 따라 세장한 모습을 보이고 있다. 그리고 능격무늬는 한 구간에 반절된 4개의 무늬가 겹쳐진 상태로 밀집되고 있다.

3. 벽전돌

건물의 벽이나 단(壇)·성곽이나 담장 등을 쌓기 위한 전돌로 고대에는 소수의 예에 불과하였다. 벽전돌은 장방형전돌로 민무늬전돌이 대부분을 차지하고 있으나 문양전돌은 약간에 지나지 않고 있다. 백제의 벽전돌은 벽전돌용으로 간주되고 있는 외리유적에서 출토된 문양전돌이 유명하다.

외리유적은 부여군 규암면 외리(外里)에 위치하고 있는 백제시대의 건물터로 일제강점기인 1937년에 그 일부가 조사되어 많은 기와와 토기가 출토되었다. 유적은 낮은 야산의 서남기슭에 위치하고 있는데 현재는 산기슭이 대부분 깎여나가 크게 훼손되고 있다.

외리유적에서 출토된 문양전돌은 산경(山景)무늬전돌과 귀형(鬼形)무늬전돌이 각 두 종류씩, 그리고 봉황무늬전돌·반룡(蟠龍)무늬전돌·연꽃무늬전돌·와운(渦雲)무늬전돌 등이 각 한 종류씩 모두 8종류인데 현재 보물 제343호로 지정되어 백제문화의 우수성을 잘 나타내주고 있다. 문양전돌은 두께가 4㎝ 내외이며 각 변의 길이가 29㎝ 가량인 방형전돌로 그 상면에 서로 다른 다양한 무늬가 새겨져 있다. 그런데 각 전돌은 네 귀의 측면에 홈이 파여 있어서 이웃하는 전돌과 서로 연속하여 고정될 수 있도록 제작되었고 두께가 얇고 산경무늬나 귀형무늬 등과 같이 세울 수 있도록 의장되었기 때문에, 건물 내외의 바닥에 부설되는 부전돌용이라기보다 건물의 벽면이나 불단과 같은 특수한 단에 사용되는 벽전돌용으로 간주되고 있다.

문양전돌은 조사 당시에 남북방향으로 길게 바닥에 깔린 상태로 발견(사진 150·151)되었는데 백제시대의 기와를 사용하여 축조한 와적기단(瓦積基壇)과 서로 겹쳐 있었다. 그런데 각 문양전돌은 무늬의 위아래가 엇갈려 있거나, 깨진 문양전돌이 뒤집혀 놓여 있어서 후대(後代)에 다른 용도로 사용하기 위하여 전돌을 다시 배치한 제2차적인 유구

사진 150. 문양전돌 출토 모습, 부여 외리유적

사진 151. 문양전돌 출토 모습, 부여 외리유적

(遺構)가 아닌가 하고 생각되고 있다. 그런데 유적의 주변에서 기와산
포지가 여러 곳 확인되어 백제시대의 건물터가 있었을 것으로 예상되
고 있으나 잘 알 수가 없다. 따라서 이 유적이 절터인지 또는 어떤 성격
의 건물터인지는 아직까지 밝혀지지 않고 있다.

1) 산경무늬전돌

두 종류가 출토되었는데 산과 나무 그리고 물과 바위가 구름과 함께 잘 묘사되어 있는 한 폭의 아름다운 산수화를 연상하게 하고 있다. 잔잔하게 흐르는 물결 위에 날카롭게 솟은 바위가 있고 세 봉우리로 이루어진 산들이 층을 이루듯이 중첩되어 그 경관이 수려하고 깊이가 있다. 그런데 두 전돌은 화제(畵題)와 그 기법은 비슷하나 세부적인 무늬에서는 약간의 차이를 보이고 있다.

한 전돌(사진 17 · 152)에는 첩첩산중에 암자로 보이는 건물이 있고 승려의 모습이 묘사되어 있다. 후경(後景)이 전경(前景) 위에 얹혀있는 듯한 특이한 원근법이 돋보이는데 전체적인 구도가 산경(山景)과 함께 도식화되고 있으나 백제 특유의 원만하고 부드러운 감각을 엿볼 수 있다. 다른 전돌(사진 153)은 산경무늬가 축소된 가운데 봉황새 한 마리와 상서로운 구름무늬를 겹쳐서 배치하고 있다. 그런데 산속에는 2층의 건물이 있고 당간(幢竿)과 같은 것이 있다.

이와 같이 산경무늬전돌은 단순한 자연풍경을 소재로 그 화법(畵法)이 도식화하고 있다. 그러나 전체적으로 좌우대칭의 안정된 구도를 보이고 있고 산과 구름의 표현이 곡선적으로 원만한 조화를 이루고 있다. 그리고 백제 특유의 원근법이 나타나 백제 회화의 한 단면을 이해할 수가 있다. 그리고 산경무늬전돌에는 암자와 승려가 있고 상서로운 구름과 봉황새가 새겨져 있어서 불교적인 색채와 함께 신선세계의 또 다른 일면(一面)도 살펴볼 수가 있다.

사진 152. 산경무늬전돌, 부여 외리유적   사진 153. 산경무늬전돌, 부여 외리유적

2) 귀형무늬전돌

두 종류가 출토되었다. 귀형은 동물의 얼굴을 한 귀신의 모습으로 묘사되었는데, 그 대좌(臺座)가 암반과 연꽃으로 되어 있어 차이를 보이고 있다.

귀신은 정면을 향하여 두 팔을 뻗고 입을 커다랗게 벌린 채 날카로운 이빨을 드러내 무서운 형상을 하고 있다. 그리고 나신(裸身)의 입상으로 두 어깨 위에는 갈기가 휘날리고 있으며 풍만한 허리에는 허리띠[腰帶]를 두르고 길다란 요패가 내려져 있다. 한 전돌(사진 154)은 귀형무늬의 암좌(岩座)가 약간 도식화되고 있으나 불꽃모양으로 묘사되어 귀신의 무서움을 돋보이게 하고 있다. 그리고 다른 전돌(사진 18 · 155)은 귀형무늬의 연화좌(蓮花座)가 타원권으로 형성되어 각 연꽃잎이 부드럽게 반전되어 서로 다른 모습을 보이고 있다. 그런데 귀형무늬는 악귀

사진 154. 귀형무늬전돌, 부여 외리유적 　　사진 155. 귀형무늬전돌, 부여 외리유적

의 침입을 막는 벽사(辟邪)사상의 대표적인 상징으로 이 전돌을 통하여
백제 사람들의 정신적인 의지와 백제 부조상(浮彫像)의 강건함을 엿볼
수가 있다.

3) 봉황무늬전돌

　한 종류가 출토(사진 19 · 156)되었다. 전돌의 표면에 둥그런 연주문
(連珠文)의 테두리를 두르고 한 마리의 단봉(單鳳)이 비상하는 모습으
로 묘사되어 있다.

　봉황은 매우 율동적인데 깃과 꼬리가 몸체와 더불어 오른쪽으로 회전
하면서 비상하는 모습으로 의장되어 부드러움을 더하고 있다. 그런데
전돌의 모서리에는 전돌이 사방으로 연속하여 사용될 수 있도록 네 쪽
으로 나누어진 작은 꽃잎이 새겨져 있다.

사진 156. 봉황무늬전돌, 부여 외리유적   사진 157. 반룡무늬전돌, 부여 외리유적

4) 반룡무늬전돌

한 종류가 출토(사진 20 · 157)되었다. 전돌의 표면에 둥그런 연주문
의 테두리를 두르고 승천하는 반룡(蟠龍)을 측면관으로 묘사하고 있다.
반룡은 머리를 확대시켜 입을 크게 벌린 무서운 형상인데 몸체와 꼬리
가 구부러져 하늘을 향해 힘차게 승천하는 역동적인 모습을 하고 있다.

봉황과 용은 '예기(禮記)'에 기록된 것과 같이 기린이나 거북과 같이
4령(四靈)으로 신성시되고 있다. 이와 같은 상상의 동물이 백제의 전돌
문양으로 채용된 것은 당시의 길상과 벽사사상을 살필 수 있는 좋은 자
료가 되고 있다.

5) 연꽃무늬전돌

연꽃무늬전돌은 한 종류가 출토(사진 158)되었는데 외측의 연주문과

더불어 인동자엽이 장식되어 화
려한 모습이다. 10엽의 연꽃잎을
반부조형으로 크게 배치하고 있
는데 꽃잎 끝이 약간 치켜져 있
다. 화륜권을 두른 연꽃잎 안에
는 좌우로 커다란 인동자엽이 대
생(對生)으로 장식되어 있는데
간판은 구획선이 생략된 판두형
이다. 넓은 자방에는 외측에 꽃

사진 158. 연꽃무늬전돌, 부여 외리유적

술대를 두고 연자를 놓고 있다. 그리고 전돌의 모서리에는 네 쪽으로
나누어진 작은 꽃잎이 새겨져 있다.

6) 와운무늬전돌

한 종류가 출토(사진 159)되었다. 전돌의 표면에 둥그런 연주문의 테
두리를 두르고 상서로운 구름과 연꽃무늬를 배치하고 있다.

와운(渦雲)무늬는 8엽이 배치되고 있는데 우측으로 회전하는 모습으
로 묘사되고 있다. 그런데 구름은 앞뒤의 볼륨과 폭이 서로 달라 역강
한 운동감을 느끼게 하고 있다. 그리고 전돌의 중심부에는 굵은 원권을
두고 8엽의 연꽃무늬를 배치하고 있다. 전돌의 모서리에는 앞의 전돌
과 같이 네 쪽으로 나누어진 작은 꽃잎이 새겨져 있다.

이와 같이 외리유적에서 출토한 문양전돌은 매우 다양하고 세련된 의

사진 159. 와운무늬전돌, 부여 외리유적

장성을 보이고 있다. 그리고 각 무늬가 지니고 있는 길상(吉祥)과 벽사사상은 당시의 문화적 추이를 이해하는데 매우 중요한 시대적인 상징성이 되고 있다. 그리고 이 문양전돌은 전체적으로 생동하는 역강함과 부드러운 율동감을 함께 느끼게 하는데 당시의 백제문화의 특성을 잘 보여주고 있다. 그리고 이 문양전돌은 백제의 회화·종교·건축·사상 등의 여러 측면을 살필 수 있는 좋은 자료가 되고 있으며 7세기 전반기부터 서서히 꽃피우기 시작하는 품격높은 백제미술을 대표할 수 있는 중요한 전례(博例)가 되고 있다.

4. 특수전돌

이형의 모습으로 제작되어 특수한 장소나 부위에 사용되거나 그 용도가 바뀌어 다른 목적으로 이용되고 있는 전돌이다. 그런데 문양이 배치된 백제의 특수전돌은 두 종류가 있다.

1) 연꽃 · 인동무늬전돌

속이 비어있는 블록과 같은 이형(異形)전돌로 부여의 군수리절터에서 출토(사진 21 · 160)되었다. 장방형의 전돌로 전면(前面)에 연꽃무늬와 인동무늬를 나란히 배치했다. 각 무늬의 외측은 원권을 두르고 톱날무늬[鋸齒文]를 새기고 있는데 각 무늬의 사이에는 부무늬[副文]로 인동무늬가 있고 네 모서리에도 네쪽으로 나누어진 작은 꽃잎이 새겨져 있다.

연꽃무늬는 8엽인데 화륜권이 있고 인동자엽이 장식되어 있다. 원권을 두른 평면형의 자방에는 1+6과의 연자를 놓았다. 그리고 인동무늬는 4엽인데 대생(對生)의 지엽이 우회하는 모습으로 의장되어 회전감을 느끼게 하고 있다.

전돌의 뒷면과 윗면에는 네모난 구멍이 두 개씩 뚫려있고 양 측면에도 한 개씩의 구멍이 뚫려 있어서 특정한 곳에 사용된 특수전돌임을 알

사진 160. 연꽃 · 인동무늬전돌과 그 뒷면(오른쪽), 부여 군수리절터

수 있다. 그런데 똑같은 전돌이 금성산건물터·정림사지·동남리·구
교리 등지에서 수집되고 있어서 서기 600년을 전후하여 상당히 성행한
듯하다. 그리고 이 전돌의 공급처가 부여의 정암리가마터에서 확인되
어 그 수급관계를 밝힐 수 있었다.

2) 연꽃무늬전돌

부여의 구아리유적에서 출토
(사진 161)되었는데 파손되어 전
체의 모습을 살필 수 없다. 그런
데 전돌의 표면과 뒷면의 두 곳
에 각각 연꽃무늬를 배치하여 이
채로운데 특수용도로 제작된 것
으로 보인다.

사진 161. 연꽃무늬전돌, 부여 구아리유적

5. 문자전돌

문자가 새겨진 문양전돌은 몇 가지 예가 있는데 공주의 송산리6호분
과 무령왕릉에서 출토되었다. 송산리6호분에서 출토된 문자전돌은 널
길의 폐쇄전돌로 사용된 것인데 전돌의 긴 측면에 '양관와위사의(梁官
瓦爲師矣)'라는 명문이 새겨져 전돌의 제작과정이나 전실분의 축조배
경을 살피는데 좋은 자료가 되고 있다. 그런데 최근에 이르러 이 명문

이 잘못 해석되었다는 견해
가 제기되어 주목되고 있다.
　이 전돌(사진 162)은 장방
형전돌의 좁은 측면에 반절
(半切)된 연꽃무늬를 배치하
고 있는데 무령왕릉에서 출
토된 연꽃무늬전돌과 똑같
아 중요시되고 있다. 명문은
연꽃무늬전돌의 긴 측면에
세로로 새기고 있는데 전돌
을 제작하고 전실분을 축조
하는 데에 중국 남조인 양
(梁)의 영향을 받고 있음을
시사하고 있다. 따라서 백제
의 전실분은 공주로 천도한
다음에 중국 남조의 영향을
받아 새롭게 채용된 묘제(墓

사진 162. 문자전돌과 그 세부(오른쪽),
공주 송산리6호분

制)인데 전실분의 조영과 함께 직접적인 문화적인 교류가 많았음을 알
수 있다.
　그리고 무령왕릉에서 출토된 문양전돌 가운데 문자가 새겨진 전돌이
있다. 장방형전돌의 긴 측면에 '사 임진년작(士 壬辰年作)'의 문자가

사진 163. 문자전돌, 공주 무령왕릉

새겨진 전돌(사진 163)이 그것이다. 널 길의 폐쇄전돌로 사용된 것으로 '임진 년'이 전돌의 제작시기를 나타내 중요 시되고 있다. 그런데 임진년이 서기 512년이라면 왕릉은 무령왕이 작고(서 기 523년)하기 이전에 이미 축조된 것 임을 알 수 있어서 전실분의 축조시기 뿐만 아니라 백제와전의 편년설정에 좋 은 단서가 되고 있다. 그리고 전돌의 긴 측면을 네 구간으로 나누고 문살무늬를 배치한 문자전돌이 있는데 전돌의 좁은 한 측면에 '중방(中方)'이나 '급사(急 使)'등의 문자가 새겨져 있다. 그런데 '중방'의 명문은 '대방(大方)'의 문자전돌과 같이 묘실쌓기에 따른 사용처를 의미하는 것으로 보고 있 다.

백제계통의 신라기와와 일본기와

백제의 수막새는 웅진시대에 이르러 독자적인 와당양식이 성립된다. 백제의 수막새는 한성시기부터 초화무늬·수목무늬·원무늬 등이 배치되어 약간씩 제작되었으나 소수의 예에 불과하고 형식적인 변화도 적은 편이다. 그런데 웅진시기에 이르러 연꽃무늬가 배치된 수막새가 본격적으로 제작되어 독자적인 와당양식을 이룩하면서 사비시기까지 계속되고 있다.

백제의 막새형은 수막새에 배치된 연꽃무늬의 반전수법에서 그 특징이 가장 잘 나타나고 있다. 그런데 백제의 독자적인 막새형을 흔히 백제의 와당양식이라고도 하는데 연꽃잎 끝에 장식된 반전수법을 중심으로 그 형식적인 변화가 다양하게 전개되고 있음을 알 수 있다. 백제의 수막새에 배치된 연꽃무늬의 반전수법은 꽃잎 끝이 솟아오르면서 융기했거나, 원형 또는 삼각형의 돌기가 달려 있으며, 이 외에 연꽃잎 끝의 안쪽이 꺾이면서 그 외측이 소엽상(小葉狀)으로 치켜지는 독특한 장식성에서 잘 나타나고 있다.

연꽃무늬의 반전수법은 그 시작이 중국 남조(南朝)의 와전형(瓦塼型)에서 비롯되었는데 그 정형화와 다양한 형식변화는 백제에서 이룩되어 백제의 독자적인 와당양식으로 자리잡게 되었다. 그런데 이와 같은 와당양식은 당시의 신라와 일본에 직접적인 영향을 끼치게 되어 백제계통이라는 또다른 유형으로 계승되어 활발히 전개되었음을 알 수 있다. 따라서 백제의 기와는 웅진시기에 이르러 독자적인 막새형이 이룩되었는데, 우리나라 뿐만 아니라 동아시아의 기와연구에 매우 중요한 위치를 차지하고 있음을 알 수 있다.

1. 백제계 신라기와

　　신라에 기와가 언제 들어와서 제작되기 시작했는지 잘 알 수가 없다. 삼국사기(三國史記)의 신라본기에 나오는 기와에 관한 기록을 통하여 기원후~3세기경부터는 당시의 궁성건축에 암·수기와가 제작되어 사용되었을 것으로 추정하고 있다. 그러나 당시에 사용된 기와의 실체에 대해서는 잘 파악되지 않고 있다. 그런데 신라의 궁성인 월성(月城)과 명활산성(明活山城)에서 5세기경에 제작된 것으로 보이는 기와가 약간씩 수집되고 있기 때문에, 불교가 공인(公認 : 서기 528년)되기 이전에 기와가 이미 유입되어 사용되고 있었음을 알 수 있다.

　　연꽃무늬가 배치된 수막새는 6세기 초반경부터 제작된 것으로 간주되고 있다. 경주 월성의 해자(垓字)와 물천리(勿川里)가마터 그리고 황룡사지(皇龍寺址)의 발굴조사에서 출토된 기와를 통하여 신라기와의 성립에 백제와 고구려의 직접적인 영향이 많았음을 알 수 있다. 그러나 신라는 6세기 후반경이 되면 양식적으로 서로 다른 두 계통의 복합과정을 거치면서 독자적인 양식을 점차 개발하기에 이르른다.

신라의 수막새에는 연꽃·귀면(鬼面)·인면(人面) 등이 배치되고 있는데 그 중에서도 연꽃무늬가 가장 많다. 연꽃무늬는 단판(單瓣)양식이 주류를 차지하고 있는데 백제계·고구려계 그리고 신라의 독자적인 막새형으로 구분되어 신라기와의 성립과정을 약간이나마 살필 수가 있다.

백제의 영향을 받아 제작된 신라의 수막새는 6세기 초반부터 제작되기 시작하여 통일신라 초기인 7세기 후반까지 계속된 것으로 보인다. 백제의 영향을 직접 받아 제작된 신라의 수막새는 연꽃잎의 반전수법과 관련되고 있는데, 판단(瓣端)융기형과 판단장식형 그리고 곡절소판(曲折小瓣)형으로 구분되고 있다. 신라의 판단융기형은 그 출토의 예가 드문 편인데 백제의 웅진시기에 성립된 판단융기형과는 직접적인 관련이 없는 것으로 보인다. 그러나 판단장식형은 백제의 직접적인 영향을 받아 제작된 막새형으로 원형돌기식과 삼각돌기식으로 다시 나뉘는데, 원형돌기식이 대부분을 차지하고 있다. 그리고 신라의 곡절소판형은 통일신라의 초기에 제작되지만, 백제의 곡절소판형과 약간 다른 차이를 보이고 있다.

1) 판단장식형

수막새에 배치되어 있는 연꽃무늬의 꽃잎 끝이 솟아오르면서 그 위에 원형돌기나 삼각돌기가 달려 있는 반전수법을 형식화한 것으로 원형돌기식과 삼각돌기식으로 나누고 있다. 그런데 백제에서는 원형돌기식이 웅진시기부터 제작되어 정형화되었고 삼각돌기식은 사비시기인 6세기 중반경에 출현하여 곧바로 성행하였다. 신라에서는 판단장식형가운데 원형돌기식이 대부분을 차지하고 있는데 삼각돌기식보다 제작시기가 빠른 6세기 초반까지 소급되고 있다.

(1) 원형돌기식

백제의 영향을 직접 받아 제작된 신라의 원형돌기식은 6세기 초반부터 제작되었다. 경주 월성의 해자(垓字)와 물천리가마터 그리고 건천(乾川) 서면(西面)에서 제작시기가 이른 백제계의 신라기와가 상당량 출토되고 있다. 그런데 물천리가마터에서는 기와의 제작틀인 모골(模骨)의 판자흔적이 있는 암키와가 출토되어 중요시되었다. 길다란 판재(板材)나 대나무 조각으로 발처럼 엮어 만든 모골은 백제에서 성행한 암키와 제작틀로서 신라의 모골과 차이를 보이고 있으며 백제로부터 직접적인 조와술(造瓦術)의 파급을 짐작할 수가 있다.

월성 해자에서 출토된 백제계 신라기와는 10여점에 이르고 있다. 비교적 정형화된 신라의 원형돌기식(사진 164)은 8엽의 연꽃무늬가 배치되고 있다. 후육(厚肉)한 연꽃잎이 곡면을 이루면서 반전되어 있는데

사진 164. 연꽃무늬수막새, 신라, 경주 월성해자

사진 165. 연꽃무늬수막새, 신라, 경주 월성해자

꽃잎 끝이 솟아오르면서 그 위에
약간 굵은 원형 돌기가 장식되어
있다. 사이잎인 간판(間瓣)은 구
획선이 있는 판두형(瓣頭形)으로
연꽃무늬의 꽃모양이 전체적으
로 매우 정제되어 있다. 부조형
의 넓은 자방에는 1+8과의 연자
가 놓여 있다. 그리고 월성 해자
에서 출토된 다른 원형돌기식(사

사진 166. 연꽃무늬수막새, 신라, 경주 월성해자

진 165·166)도 형식적인 차이를 보이면서 연꽃잎 끝이 반전되어 있
다. 연꽃잎 끝의 반전수법이 작은 주문상(珠文狀)의 원형돌기로 변하거
나 부조형 또는 평면형의 자방에 1+7과의 연자가 놓이는 변화를 보이

사진 167. 연꽃무늬수막새, 신라,
경주 물천리가마터

그림 168. 연꽃무늬수막새, 신라,
경주 물천리가마터

고 있다. 그런데 이와 같은 신라의 원형돌기식은 웅진시기에 제작된 백
제의 원형돌기식(사진 51 · 52)과 비슷하여 그 직접적인 상관관계를 살
필 수가 있다.

경주의 물천리가마터에서는 여러 형식의 원형돌기식이 출토되고 있
다. 모두 8엽의 연꽃무늬가 배치되고 있는데 꽃잎 끝이 높게 솟아오르
면서 원형돌기가 달려있는 수막새(사진 167)는 부조형의 자방에 1+8과
의 연자를 놓고 있다. 비교적 정제된 연꽃무늬가 새겨졌는데 간판도 구
획선을 지닌 판두형이다. 그리고 후육한 연꽃잎 끝에 원형돌기가 달려
있는 수막새(사진 168)는 평면형의 자방에 1+8과의 굵은 연자를 놓고
있다. 간판은 구획선을 지니고 있는데 다른 간판과 이어져 있다. 그런
데 낮은 부조형의 자방에 1+6과의 연자를 장식한 수막새(사진 169)는
평평한 연꽃잎 끝에 굵은 원형 돌기가 놓여 있다. 한편 경주에서 멀리

사진 169. 연꽃무늬수막새, 신라,
경주 물천리가마터

사진 170. 연꽃무늬수막새, 신라, 건천 서면

떨어진 건천 서면(사진 170)에서도 원형돌기식의 수막새가 출토되고
있다.

경주의 월성 해자와 물천리가마터 그리고 건천 서면에서 출토된 수막
새는 공주의 공산성(사진 50)과 대통사지(사진 52)에서 출토된 수막새
와 비슷하다. 모두 8엽의 연꽃무늬가 배치되어 있으며 연꽃잎 끝의 반
전수법이나 자방의 연자배치(蓮子配置) 등의 세부적인 차이를 제외하
고는 거의 유사하여 신라의 원형돌기식이 백제의 영향을 직접 받아 제
작한 직전(直傳)양식에 속하고 있다. 따라서 신라에 대한 백제의 영향
은 6세기 초반경인 웅진시기에 이미 이루어졌음을 알 수 있다. 그런데
월성 해자와 물천리가마터에서 출토된 수막새 가운데 일부는 막새의
뒷면에 포목(布目)흔적이 있거나 수키와흔적이 낮은 돌대처럼 남아 있
어서 중요시되고 있다. 이와 같은 수막새의 제작수법은 막새와 수키와

사진 171. 연꽃무늬수막새, 신라,
안강 육통리가마터

사진 172. 연꽃무늬수막새, 신라, 경주 탑리

부를 별도로 제작하여 접합하지 않고 한 번에 성형하는 것으로, 일체식
(一體式)이라고 부르고 있다. 그런데 이러한 제작기법은 중국 한(漢)의
수막새와 백제 한성시기의 수막새에서 보이고 있으며, 6세기 초반경에
제작된 백제계의 신라 수막새에서도 확인되어 이채롭다.

경주의 안강(安康) 육통리가마터에서 출토된 수막새(사진 171)는 앞의
수막새에 비하여 제작시기가 약간 늦은 원형돌기식이다. 8엽의 연꽃무
늬가 배치되어 있는데 꽃잎 끝이 치켜지면서 약간 변형된 돌기가 달려
있다. 간판은 구획선이 있으며 넓은 자방에는 1+6과의 연자를 놓고 있
다. 주연부가 파손되고 있으나 연꽃무늬가 정제되고 있다. 육통리가마
터는 6세기 중반경부터 통일신라 직후인 7세기 후반까지 오랫동안 신
라의 기와와 전돌을 제작한 가마터로 경주에서 멀리 떨어진 안강읍에
위치하고 있다. 이 가마에서는 원형돌기식 수막새 이외에도 연꽃잎 끝

사진 173. 연꽃무늬수막새. 통일신라. 경주 안압지　　사진 174. 연꽃무늬수막새. 통일신라. 경주 안압지

이 융기한 판단융기형과 통일신라 직후에 해당하는 보상화무늬전돌이 제작되었다. 그리고 경주 탑리(塔里)에서 수집한 수막새(사진 172)는 연꽃잎 끝의 반전수법이 약간 약화되고 있으나 백제의 영향을 이어받고 있음을 알 수 있다. 그런데 이 수막새의 제작수법은 막새부와 수키와부를 별도로 제작하여 부착한 접합식(接合式)임을 알 수 있다.

　신라의 원형돌기식은 7세기 전반부터 신라화된 의장을 보이면서 약간씩 제작되고 있다. 따라서 이와 같은 수막새는 백제계라는 계통성보다는 백제적인 요소를 지닌 막새형이라고 할 수 있다. 경주 안압지에서 출토된 수막새(사진 173)는 8엽의 연꽃무늬가 배치되고 있는데 원형돌기식의 반전수법을 보이고 있다 그런데 사이잎인 간판은 구획선이 없는 판두형인데 자방에는 1+6과의 연자를 놓고 있다. 그리고 경주 안압지에서 수집한 수막새(사진 174)는 11엽의 연꽃무늬가 배치되고 있다.

연꽃잎은 꽃잎의 증가를 나타낸 세판화현상을 보이고 있는데 세장(細長)한 꽃잎 끝에 간략화된 돌기가 달려있다. 원권을 두른 자방에는 많은 연자가 놓여 있는데 원형돌기식의 통일신라 직후의 좋은 예가 되고 있다.

(2) 삼각돌기식

백제의 영향을 직접 받아 제작한 신라의 삼각돌기식은 그 자료가 아주 적은 편이다. 백제의 삼각돌기식은 6세기 후반부터 성행하게 되는데, 이 시기의 신라는 독자적인 막새형이 개발되어 많은 수량이 제작되어 상대적으로 그 영향이 감소하게 되는 전환의 시기라고 할 수 있다.

신라의 삼각돌기식은 경주 재매정(財買井)에서 출토된 수막새(사진 175)가 가장 이른 시기에 제작된 것으로 보인다. 8엽의 연꽃무늬가 배치되고 있는데 꽃잎 끝에 삼각돌기가 달려 있다. 간판은 구획선을 지닌 판두형이며, 자방에는 1+4과의 연자를 놓고 있다. 그런데 이와 같은 삼각돌기식은 백제에서는 사비시기인 6세기 후반경에 성행한 막새형으로 부여 관북리(사진 6)나 정암리가마터(사진 23·227)에서 출토된 수막새와 서로 닮고 있다. 따라서 직접적인 영향관계를 살필수가 있는데 소수의 예에 지나지 않고 있다.

백제의 영향을 받아 제작된 삼각돌기식이 경주 안압지의 동궁지(東宮址)에서 출토(사진 176)되어서 주목된다. 안압지의 발굴조사에서 많은 수량이 출토되었는데 똑같은 기와가 경주 황룡사지와 사천왕사지(四天

사진 175. 연꽃무늬수막새, 신라, 경주 재매정   사진 176. 연꽃무늬수막새, 통일신라, 경주 안압지

王寺址)에서 출토되었다. 8엽의 연꽃무늬가 배치되고 있는데, 볼륨이 약한 꽃잎 끝에는 작은 삼각돌기가 달려 있다. 낮은 자방에는 1+8과의 연자가 놓여 있는데 주연부의 내측에 구상권(溝狀圈)이 형성되고 있다. 그런데 이와 같은 삼각돌기식은 통일신라 직후인 7세기 후반경에 제작 되었는데 백제가 멸망한 이후 백제의 와공(瓦工)이 직접 참여하여 제작 한 신라의 수막새로 추정되고 있어서 통일신라 초기의 특수한 조와(造瓦)의 배경을 살필 수 있다.

삼각돌기식의 반전수법은 단판(單瓣)양식 이외에 복판(複瓣)양식에서 도 나타나고 있다. 경주 황룡사지에서 출토된 수막새(사진 177)는 6엽의 후육한 복판연꽃무늬가 배치되고 있는데 꽃잎 끝에 삼각돌기식의 반전수법이 보이고 있다. 연꽃잎 안에는 두 개의 꽃술자엽이 장식되고 있는데 화륜권이 형성되고 있다. 간판은 구획선을 지닌 판두형이고 자

방은 외측에 원권을 두르고 1+8
과의 연자를 놓고 있다. 그런데
단판이나 복판 등의 양식적인 차
이를 제외한다면 연꽃무늬의 꽃
잎수나 화륜권 그리고 간판 등의
전체의장이 익산 미륵사지에서
출토된 수막새(사진 125)와 비슷
하여 그 관련성을 살필 수가 있
다.

사진 177. 연꽃무늬수막새, 신라, 경주 황룡사지

2) 곡절소판형

 수막새에 배치되고 있는 연꽃잎의 꽃잎 끝이 각을 이루고 꺾이면서
그 끝이 소엽상(小葉狀)으로 반전되고 있는 모습을 형식화한 것이다.
백제에서는 서기 600년을 전후하여 새롭게 나타난 막새형으로 꽃잎 주
변에 화륜권(花輪圈)이 형성되는 등 장식적인 특성을 점차 보이기 시작
한다. 신라에서는 백제의 곡절소판형과 약간 다른 차이를 보이고 있는
데 7세기 중반경 이후부터 약간씩 제작되고 있다.

 신라의 곡절소판형은 후육한 연꽃잎 끝이 급격히 잘리우듯이 꺾이면
서 소엽상의 반전수법을 보이고 있다. 경주 안압지의 동궁터에서는 여
러 형식의 막새형(사진 178 · 179)이 출토되고 있는데 7세기 후반경에
제작되었다. 8엽의 연꽃무늬가 배치되고 있는데 꽃잎의 볼륨이 매우

사진 178. 연꽃무늬수막새, 통일신라, 경주 안압지 사진 179. 연꽃무늬수막새, 통일신라, 경주 안압지

강한 편이다. 따라서 연꽃잎 끝
이 잘리듯이 꺾이면서 그 끝이
반전되어 있는데 소엽(小葉)이
서로 차이를 보이고 있다. 간판
은 구획선을 지니고 있으나 일부
는 경직되고 있음을 알 수 있다.
부조형의 자방에는 1+8과와
1+4과 등의 연자를 놓아 연자 배
치가 다양하다.

사진 180. 연꽃무늬수막새, 통일신라,
경주 영묘사지

경주의 영묘사지(靈廟寺址)에서 출토된 수막새(사진 180)는 새로운
막새형으로 주연부에 주문(珠文)이 장식되고 있다. 8엽의 연꽃무늬가
배치되고 있는데 연꽃잎의 주변에는 화륜권이 형성되어 꽃잎 안의 판

육(瓣肉)이 독립된 모양으로 도드라져 있다. 자방의 외측에는 꽃술대를 장식하고 1+6과의 연자를 놓고 있다. 그런데 이와 같은 수막새는 부여의 금강사지(金剛寺址)에서 출토된 백제의 수막새(사진 111·123)와 친연(親緣)을 갖고 있어서 서로 관련되어 있음을 알 수 있다. 그리고 이외에도 통일신라 직후에 활발하게 제작되고 있는 신형식의 막새에 의외로 백제적인 요소가 많이 내재하고 있음을 알 수 있는데, 그것은 통일신라 직후부터 폭넓게 전개되고 있는 문화적 복합성과 다양성에 기인한 것으로 풀이되고 있다.

2. 백제계 일본기와

일본에 불교사원이 처음으로 건립되기 시작한 것 6세기 후반경이다. '일본서기(日本書紀)'에 의하면 서기 588년에 백제에서 승(僧)·사공(寺工)·노반박사(露盤博士)·와박사(瓦博士)·화공(畵工) 등이 건너와 아스카데라[飛鳥寺]의 창건을 지도하였다고 기록되고 있다. 그런데 백제에서 건너간 이 사람들은 불교사원의 조영에 꼭 필요한 건축·주조(鑄造)·조와(造瓦)·불화(佛畵) 등 네 분야의 장인들로 백제의 불교문화를 일본에 직접 전달한 최고의 기술집단이었음을 알 수 있다. 일본은 나라[奈良] 아스카데라의 창건과 함께 7세기 초반경부터 나라 호류지[法隆寺]와 오사카[大阪] 시텐노지[四天王寺] 등의 불교사원이 건립되게 되는데 기와의 제작도 점차 본격화되고 있음을 알 수 있다.

백제와 일본에서는 기와를 제작하는 기술자를 와박사(瓦博士)로 불렀던 것 같다. 서기 588년에 백제에서 일본에 파견된 와박사는 마라부노(麻奈父奴)·양귀문(陽貴文)·능귀문(陵貴文)·석마제미(石麻帝彌) 등 네 사람으로 기와를 생산하는데 꼭 필요한 여러 분야의 기술자이었음을 알 수 있다. 그런데 이 때 건너간 와박사가 어떤 분야의 기술을 지닌 와공(瓦工)이었는지는 알려져 있지 않다. 그러나 기와를 생산하고 이를 사용하는데 꼭 필요한 분야인 가마를 설치하고 기와를 만들어 구워내고, 기와를 사용하여 지붕을 이는 기술자이었을 것으로 생각하고 있다.

백제의 와박사에 의해 제작된 아스카데라의 창건기와는 일본에서 가장 오래된 기와로 백제의 직전양식(直傳樣式)에 속하고 있다. 백제계 일본기와는 판단장식형 가운데 원형돌기식과 삼각돌기식이 주류를 이루고 있는데 그 제작시기는 아스카데라의 창건기와인 삼각돌기식이 앞서고 있다. 그런데 최근 일본에서는 삼각돌기식의 수막새를 화조(花組), 원형돌기식의 수막새를 성조(星組)라고 부르는 각각 다른 별개의 조와(造瓦)집단에 의해 제작되었다고 보는 견해가 제기되고 있다.

1) 판단장식형

(1) 삼각돌기식

수막새에 배치되어 있는 연꽃무늬의 꽃잎 끝이 삼각형상으로 변형되어 있거나 삼각형상의 돌기가 장식되어 있는 반전수법을 형식화한 것

사진 181. 연꽃무늬수막새, 아스카,
나라 아스카데라

사진 182. 연꽃무늬수막새, 아스카,
나라 사카타데라

이다. 백제에서는 사비시기인 6세기 중반부터 제작되기 시작하여 7세
기 초반까지 매우 성행하게 되는 독자적인 와당형이다.

일본에서 가장 오래된 기와는 나라 아스카데라에서 출토된 수막새(사
진 181)이다. 10엽의 연꽃무늬가 배치되고 있는데 연꽃잎 끝에 작은 삼
각돌기가 달려 있다. 간판은 구획선을 지니고 있는데 다른 간판과 서로
이어져 있다. 좁은 자방은 낮게 부조되고 있는데 1+5과의 연자를 놓고
있다. 그런데 연꽃무늬는 자방이 좁아 세장한 모습인데 그 꽃잎수가 10
엽인 것이 특이하다. 그런데 이의 동형와당(同形瓦當)이 나라의 사카타
데라[坂田寺]와 도유라데라[豊浦寺], 교토[京都]의 고마데라[高麗寺]에
서 출토하고 있다.

나라의 사카타데라에서 출토한 수막새(사진 182)는 탁영(拓影)이나
10엽의 연꽃무늬가 배치되고 있다. 꽃잎 끝에는 삼각돌기식의 반전수

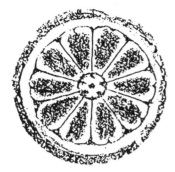 

사진 183. 연꽃무늬수막새, 아스카, 교토 고마데라　　사진 184. 연꽃무늬수막새, 아스카,
　　　　　　　　　　　　　　　　　　　　　　　　교토 오가와하이지

법이 보이고 있는데 자방에는 1+5과의 연자를 놓고 있다. 그리고 교토
의 고마데라[高麗寺]에서 출토한 수막새(사진 183)도 10엽의 연꽃무늬
가 배치되어 있는데 꽃잎 끝에는 삼각돌기가 달려 있다. 이와 같이 두
수막새는 아스카데라의 창건와당과 '똑같아 동범기와[同范瓦] 또는 동
형기와[同形瓦]의 관계임을 알 수 있다. 그런데 나라의 와다하이지[和
田廢寺]와 교토의 오가와하이지[小川廢寺](사진 184)에서 이와 비슷한
수막새가 수집되고 있고, 나라에서 멀리 떨어진 사이타마[埼玉]의 데라
야스하이지[寺谷廢寺]에서도 그 유례가 보이고 있다.
　아스카데라는 일본의 소가노우마코[蘇我馬子]에 의해 창건된 일본 최
초의 불교사원으로 서기 592년경에 금당과 회랑이 조영되기 시작하여
서기 609년경에 가람이 거의 완성되었다. 가람의 형식은 방형(方形)의
목탑을 중심으로 동쪽과 서쪽, 그리고 북쪽에 각각 금당을 배치하는 단

탑삼금당식(單塔三金堂式)으로 고구려 가람배치의 영향을 받았다. 그러나 아스카데라의 창건와당은 백제의 영향을 직접 받은 직전양식으로 가람의 형식과는 차이를 보이고 있다. 그런데 이 수막새는 백제에서 파견한 와박사의 지도에 의하여 제작된 것으로 간주되고 있는데 백제에서는 이와 비슷한 수막새가 부여의 금성산(사진 94)과 부소산성(사진 93)에서 출토되고 있다. 연꽃잎의 갯수와 자방의 연자배치에서 약간의 차이를 보이고 있으나 전체적으로 비슷하여 그 상관관계를 짐작할 수가 있다.

교토의 기타노하이지[北野廢寺]에서 출토된 삼각돌기식(사진 185)은 아스카데라의 수막새와 같이 10엽의 연꽃무늬가 배치되고 있다. 주연부가 파손되고 있으나 소문대(素文帶)이다. 연꽃잎의 볼륨이 꽃잎 끝에 이를수록 약간 도드라지고 있는데 구획선을 지닌 간판과 연결된 삼각돌기의 반전수법이 잘 나타나고 있다. 부조형의 자방에는 1+7과의 연자를 놓고 있는데 이 수막새도 백제의 직전양식에 속하고 있다. 백제의 연꽃무늬수막새의 꽃잎수는 8엽이 기본이 되고 있다. 연꽃잎이 8엽 이상인 수막새는 공주의 공산성(사진 47)과 부여의 동남리(사진 101)에서 출토되고 있는데 각각 10엽과 9엽씩이다. 이 가운데 삼각돌기식의 반전수법을 보이고 있는 것은 동남리에서 출토된 수막새인데 그 제작시기가 6세기 후반경으로 간주되고 있어서 서로 대비된다.

나라의 아스카데라에서는 또 다른 삼각돌기식의 수막새(사진 186)가 출토되고 있다. 8엽의 연꽃무늬가 배치되어 있는데 꽃잎 끝의 삼각돌

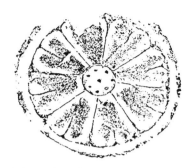

사진 185. 연꽃무늬수막새, 아스카, 교토 기타노하이지

사진 186. 연꽃무늬수막새, 아스카, 나라 아스카데라

기가 안쪽으로 깊이 들어와 있다. 그런데 삼각돌기는 선(線)처럼 날카롭다. 부조형의 자방에는 1+7과의 연자를 놓고 있는데 아스카데라의 창건와당(사진 181)에 비하여 제작시기가 늦은 것으로 보고 있는데 오히려 백제의 수막새(사진 93·94)와 관련이 더 많아 보인다. 이의 동범와당이 나라의 이누이하이지[衣縫廢寺]에서 출토하고 있다.

그리고 이 외에도 삼각돌기식의 수막새가 나라의 간코지[願興寺]와 가루데라[輕寺]에서 출토되고 있다. 가루데라에서 출토된 수막새(사진 187)는 8엽의 연꽃무늬가 배치되고 있는데 연꽃잎의 볼륨이 약한 편이다. 삼각돌기는 날카로운 모습인데 꽃잎 끝의 안쪽으로 깊게 들어와 있으며 꽃잎 끝이 약간 파여 골을 이루고 있다. 간판은 구획선을 지니고 있는 판두형이나 서로 이어지고 있다. 자방은 반구상으로 도드라진 모습으로 연자를 놓고 있는데 약간 변형된 모습이다. 이와 같이 삼각돌기식의 수막새는 출토지가 대부분 긴키[近畿] 지방에 한정되고 있는데, 아스카시대의 전기(前期)인 6세기 말부터 7세기 초반까지 백제계의 직전양식으로 대부분 제작되고 있음을 알 수 있다.

(2) 원형돌기식

수막새에 배치되고 있는 연꽃무늬의 꽃잎 끝에 조그만 주문(珠文)이나 둥그런 작은 돌기가 달려 있는 반전수법을 형식화한 것이다. 백제에서는 웅진시기인 6세기 초부터 제작하기 시작하여 사비시기인 6세기 중반까지 주류를 이루면서 성행하고 있는 백제의 대표적인 막새형이다.

일본에서는 원형돌기식의 수막새가 나라[奈良]에서 많이 출토되고 있다. 나라의 아스카데라에서는 삼각돌기식의 수막새와 함께 원형돌기식의 수막새가 출토되고 있어 중요시되고 있다. 아스카데라에서 출토된 원형돌기식(사진 188)는 11엽의 연꽃잎이 배치되고 있는데 꽃잎수가 많이 증가하여 세판화(細瓣化)를 보이고 있다. 연꽃잎은 자방이 작아져 긴 편인데 꽃잎 끝에 작은 주문이 달려있다. 간판은 구획선을 지닌 굵은 판두형(瓣頭形)인데 자방에는 1+5과의 연자를 놓고 있다. 그런데 이 수막새는 다른 원형돌기식의 수막새보다 제작시기가 이른 것으로 알려

사진 188. 연꽃무늬수막새. 아스카,
나라 아스카데라

사진 189. 연꽃무늬수막새. 아스카,
오사카 신도하이지

져 있는데 꽃잎수가 8엽이 아닌
11엽이라는 점이 주목되고 있다.
그리고 오사카의 신도하이지[新
堂廢寺]에서는 10엽의 연꽃무늬
가 새겨진 수막새(사진 189)가
출토되고 있는데, 아스카데라에
서 출토된 수막새와 큰 차이가
없다. 연꽃잎 끝에 원형돌기가
달려 있는데 자방에는 1+4과의
연자를 놓고 있다.

사진 190. 연꽃무늬수막새. 아스카,
나라 아스카데라

　그리고 아스카데라에서는 또 다른 원형돌기식(사진 190)이 출토되고
있다. 9엽의 연꽃무늬가 배치되고 있는데 볼륨이 강한 연꽃잎 끝에 원

사진 191. 연꽃무늬수막새, 아스카, 나라 호류지　　사진 192. 연꽃무늬수막새, 아스카, 나라 호류지

형돌기가 달려있다. 간판은 판두가 굵은 편으로 구획선을 지니고 있다. 자방은 약간 도드라져 있는데 1+4과의 연자를 놓고 있다. 그런데 이와 같은 수막새가 나라의 도유라데라[豊浦寺]와 고쇼조하이지[御所增廢寺]에서 출토하고 있다. 도유라데라는 소가본종가[蘇我本宗家]의 아마데라[尼寺]로 7세기 초에 창건되었는데 이 수막새의 제작시기를 약간이나마 짐작할 수가 있다. 그리고 나라의 호류지[法隆寺](사진 191)에서 이와 유사한 원형돌기식이 출토하고 있다. 9엽의 연꽃무늬가 배치되고 있는데 꽃잎 끝의 원형돌기가 굵은 편이다. 자방에는 1+8과의 연자를 놓고 있는데 연자가 약간 훼손되어 있다. 그런데 호류지[法隆寺]는 쇼도쿠다이시[聖德太子]가 창건했다고 전하는 상궁왕가(上宮王家)의 사원으로 목탑지의 심초석(心礎石)이 남아 있는 약초가람(藥草伽藍)인데 현재의 호류지[法隆寺]는 덴치[天智] 천황 9년(서기670년)에 재건

사진 193. 연꽃무늬수막새, 아스카,
오사카 시텐노지

사진 194. 연꽃무늬수막새, 아스카,
오사카 시텐노지

된 서원(西院)가람이다.

나라의 호류지[法隆寺]에서는 8엽의 연꽃무늬가 배치된 수막새(사진 192)가 출토되고 있다. 연꽃잎 끝에 원형돌기가 달려 있는데 연꽃무늬가 전체적으로 정제되어 있다. 간판은 구획선을 지닌 삼각형의 판두형이며 자방에는 1+6과의 연자를 놓고 있다. 그런데 이 수막새와 동범와(同范瓦)의 관계에 놓여 있는 원형돌기식이 오사카[大阪]의 시텐노지[四天王寺](사진 193·194)에서 출토되고 있다. 그런데 호류지[法隆寺]와 시텐노지는 그 발원자(發願者)가 모두 쇼도쿠다이시로서 사원의 조영배경과 함께 창건시기가 비슷했음을 알 수 있다.

시텐노지[四天王寺]는 가람형식이 단탑일금당식(單塔一金堂式)으로 중문·탑·금당·강당이 회랑으로 둘러싸여 남북일직선상에 배치되어 있음을 알 수 있다. 이와 같은 가람형식은 사비시기에 조영된 백제사원

의 가람형식과 동일한 것으로 백
제의 직접적인 영향을 받고 있음
을 알 수 있다. 그런데 오사카의
시텐노지에서 출토된 수막새는
교토[京都]의 구즈하히가시이세
키나이가요군[楠葉東遺跡內瓦窯
群]에서 제작(사진 195)되어 공
급되었는데, 나라의 호류지[法隆
寺]에서 출토된 수막새와 동범관

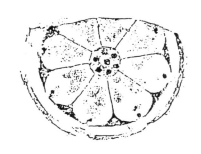

사진 195. 연꽃무늬수막새, 아스카,
오사카 구즈하히가시이세키나이가요군

계에 놓여 있어서 그 제작에 따른 와범(瓦范)의 이동을 짐작할 수가 있
다.

시텐노지에서 출토한 원형돌기식은 오사카의 나니와노미야[難波宮]
유적에서도 출토되고 있다. 그런데 시텐노지와 호류지[法隆寺]에서 출
토한 원형돌기식(사진 192 · 193)은 아스카데라나 호류지[法隆寺]에서
출토한 원형돌기식(사진 188 · 190 · 191)보다 꽃잎수가 적은 8엽위주
의 연꽃무늬이고 전체적으로 정제되고 있어서 백제에서 제작된 원형돌
기식과 더 관련되고 있음을 알 수 있다. 그러나 백제에서는 7세기가 되
면 이와 같은 원형돌기식은 거의 제작되지 않고 자방이 작아지거나 연
자배치가 3열을 이루는 등 변형된 모습을 보이고 있는데 일본에서 정
제된 연꽃무늬수막새가 7세기 초반에 제작되고 있어서 주목되고 있다.

원형돌기식은 나라와 오사카를 중심으로 사원의 조영이 본격화됨에

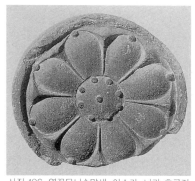 

사진 196. 연꽃무늬수막새, 아스카, 나라 호류지   사진 197. 연꽃무늬수막새, 아스카,
　　　　　　　　　　　　　　　　　　　　　　　 나라 오쿠야마구메데라

따라 기와의 생산도 점차 증가하여 형식적인 변화를 보이기 시작한다.
나라의 호류지에서 출토된 수막새(사진 196)는 8엽의 연꽃무늬가 배치
되고 있는데 볼륨이 무척 강한 편이다. 연꽃잎 끝에는 원형의 돌기가
달려 있는데 간판은 구획선을 지닌 판두형이다. 약간 도드라진 반구상
의 자방에는 외측에 원권을 두르고 1+8과의 연자를 놓고 있다.

　그리고 나라의 오쿠야마구메데라[奧山久米寺]에서 출토된 수막새(사
진 197)는 8엽의 연꽃무늬가 배치되고 있으나 도식화된 모습을 보이고
있다. 연꽃잎 끝에는 작은 주문이 장식되고 있으나 간판이 선각화되어
부드러움을 잃고 있다. 자방에는 1+4과의 연자를 놓고 있다. 그런데 이
와 똑같은 수막새가 나라의 텐진야마가요[天神山瓦窯](사진 198)·홋
기지[法起寺]·츄구지[中宮寺]·요코이하이지[橫井廢寺](사진 199)·
헤류지[平隆寺] 등지에서 다양하게 출토하고 있어서 당시에 상당히 성

사진 198. 연꽃무늬수막새, 아스카,
나라 덴진야마가요

사진 199. 연꽃무늬수막새, 아스카,
나라 요코이하이지

행했던 막새형임을 알 수 있다.

그리고 원형돌기식은 아스카의
중기(中期)에 해당하는 7세기 중
반경에 이르러 서서히 변화하기
시작하는데 나라의 죠린지[定林
寺]·호류지[法隆寺]·와다하이
지[和田廢寺]·아베데라[安倍寺]
와 오사카의 시텐노지[四天王
寺]·신도하이지[新堂廢寺]에서

사진 200. 연꽃무늬수막새, 하쿠오, 나라 죠린지

출토된 수막새가 그 좋은 예가 되고 있다. 나라의 죠린지에서 출토된
수막새(사진 200)는 11엽의 연꽃무늬가 배치되어 있고 오사카의 시텐
노지에서 출토된 수막새(사진 201)는 10엽의 연꽃무늬가 배치되고 있

사진 201. 연꽃무늬수막새, 하쿠오,
오사카 시텐노지

사진 202. 연꽃무늬수막새, 하쿠오, 나라 호류지

는데 세장한 연꽃잎 끝에 반전수
법이 나타나 있다. 자방에는 각
각 1+6과와 1+4과의 연자가 놓
여 있다. 그리고 나라의 호류지
[法隆寺]에서 출토한 수막새(사
진 202)는 8엽의 연꽃무늬가 배
치되고 있는데 넓은 자방에는
1+4+8과의 연자가 놓여 있어서
이채롭다. 또한 오사카의 신도하
이지[新堂廢寺]에서 수집된 수막

사진 203. 연꽃무늬수막새, 하쿠오,
오사카 신도하이지

새(사진 203)는 정재된 8엽의 연꽃무늬가 배치되어 있는데 자방의 외
측에 원권을 두르고 있다.

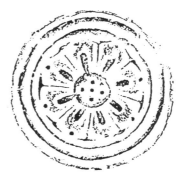

사진 204. 연꽃무늬수막새, 하쿠오, 아이치 쵸후쿠지하이지

사진 205. 연꽃무늬수막새, 하쿠오, 군마 가나이하이지

  그리고 이 시기의 막새형은 백제계통의 직전양식에서 벗어나 백제적
인 요소를 지닌 일본적인 의장으로 서서히 변화되고 있음도 알 수 있
다. 그리고 백제계통의 원형돌기식은 긴끼지방에서 멀리 떨어진 아이
치[愛知]의 쵸후쿠지하이지[長福寺廢寺]와 군마(群馬)의 가나이하이지
[金井廢寺]에서도 출토되고 있다. 쵸후쿠지하이지에서 출토된 수막새
(사진 204)는 9엽의 연꽃무늬가 배치되고 있는데 꽃잎 끝이 솟아오르
면서 원형돌기가 달려 있다. 간판은 구획선이 없는 삼각형상으로 판두
(瓣頭)가 높은 편이다. 자방에는 1+4과의 연자를 놓고 있다.
  그리고 군마의 가나이하이지에서 출토된 수막새(사진 205)는 꽃잎 안
에 자엽이 장식되고 있는 가운데 원형돌기식의 반전수법을 보이고 있
어서 이채롭다. 이와 같은 수막새는 7세기 후반경에 제작된 것으로 간
주되고 있는데, 백제계통의 원형돌기식은 그 분포범위도 상당히 넓고

제작시기도 7세기 후반까지 이어지고 있음을 알 수 있다. 그런데 7세기 후반부터 8세기 초의 아스카시대의 후기는 하쿠호[白鳳]시대라고도 한다. 이 시기는 텐무[天武]천황이 재위(서기 673년~686년)한 때부터 헤이죠쿄[平城京]에 천도한 서기 710년까지인데 일본에서는 이 때부터 복판양식이 출현하기 시작하여 큰 발전을 이루게 된다.

2) 곡절소판형

백제계의 일본와당은 판단장식형으로서 삼각돌기식과 원형돌기식이 대부분을 차지하고 있다. 그런데 곡절소판(曲折小瓣)형에 가까운 막새형도 약간씩 출토되고 있다. 곡절소판형은 수막새에 배치되어 있는 연꽃잎이 끝에 이르러 각을 이루고 꺾이면서 소엽상으로 반전되고 있는 모습을 형식화한 것으로 백제에서는 서기 600년을 전후하여 나타나기 시작하였다.

나라의 가루데라[輕寺]에서 출토된 수막새(사진 206)는 8엽의 연꽃무늬가 배치되어 있다. 연꽃잎은 긴 편인데 꽃잎 끝이 꺾이면서 소엽상(小葉狀)으로 치켜지고 있고 그 안쪽에 작은 삼각돌기가 가미되고 있다. 간판은 구획선이 있으며 삼각형의 판두가

사진 206. 연꽃무늬수막새, 아스카, 나라 가루데라

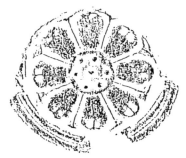

사진 207. 연꽃무늬수막새, 아스카,
나라 히라마스하이지

사진 208. 연꽃무늬수막새, 하쿠오,
나라 와다하이지

높다. 자방은 반구상(半求狀)으로 도드라져 있는데 몇 과의 연자를 놓고 있다. 그리고 나라의 히라마스하이지[平松廢寺](사진 207)와 와다하이지[和田廢寺](사진 208)에서도 곡절소판식과 유사한 수막새가 수집되고 있다. 모두 8엽의 연꽃무늬가 배치되고 있는데 꽃잎 끝이 반전되면서 그 안쪽에 선각에 가까운 삼각돌기가 가미되고 있다.

그리고 사가[佐賀]의 기이죠시[基肄城跡](사진 209)와 후쿠오카[福岡]의 스바키이치하이지[椿市廢寺](사진 210)에서 출토된 수막새는 모두 8엽의 연꽃무늬가 배치되고 있는데 곡절소판형에 가깝다. 연꽃잎이 곡면을 이루면서 그 끝이 소엽상으로 반전되고 있는데 내측에는 능선에 가까운 삼각돌기가 또 첨가되고 있다. 간판은 구획선이 없는 삼각형상이다. 자방은 넓은데 1+6과의 연자를 놓고 있다. 이와 같은 수막새는 후쿠오카의 기야마하이지[木山廢寺](사진 211) · 다루미하이지[垂水廢

사진 209. 연꽃무늬수막새, 하쿠오,
사가 기이죠시

사진 210. 연꽃무늬수막새, 하쿠오,
후쿠오카 스바키이치하이지

寺]·수기즈카하이지[杉塚廢
寺]·후쿠로쿠가요[福六瓦窯]·
이노우에하이지[井上廢寺]·가
미사카하이지[上坪廢寺]와 사가
[佐賀]의 다이간지하이지[大願寺
廢寺]·그리고 오이타[大分]의
호코지[法鏡寺]·아이하라하이
지[相原廢寺] 등지에서 폭넓게
수집되고 있어서 규슈[九州]를
중심으로 하쿠호[白鳳]시대부터

사진 211. 연꽃무늬수막새, 하쿠오,
후쿠오카 기야마하이지

나라[奈良] 초기까지 매우 성행했던 막새형이라고 할 수 있다.

　나라시대는 후지하라쿄[藤原京]에서 헤이죠쿄[平城京]로 천도한 서기

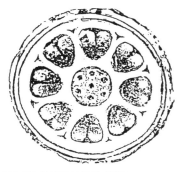

사진 212. 연꽃무늬수막새, 하쿠오,
군마 산오하이지

사진 213. 연꽃무늬수막새, 하쿠오,
후쿠오카 오노죠시

710년부터 헤안쿄[平安京]에 천도한 서기 794년까지 약 80여년간을
일컫는다. 그런데 나라시대는 일본기와가 크게 발전하는 시기로 궁성
뿐만이 아니라 관아에도 기와가 본격적으로 사용되고 고쿠분지[國分
寺]와 고쿠분지아마데라[國分寺尼寺]의 조영으로 기와가 지방으로 확
산되게 된다. 그러나 일본기와는 나라 후기에 이르러 독자적인 양식을
이룩하여 점차 일본화된 모습을 보이게 됨을 알 수 있다.

그런데 이와 같은 곡절소판형의 막새형은 규슈에서 멀리 떨어진 아이
치[愛知]의 쵸후쿠지하이지[長福寺廢寺]와 군마[群馬]의 산오하이지[山
王廢寺](사진 212)에서도 수집되고 있다. 그런데 후쿠오카의 오노죠시
[大野城跡]에서 출토된 수막새(사진 213)은 곡절소판형에 속하고 있으
나 삼각돌기가 길게 선각화되어 능선으로 변형되고 있다. 그리고 사가
[佐賀]의 데라우라하이지[寺浦廢寺]에서 출토된 수막새(사진 214)는 곡

사진 214. 연꽃무늬수막새. 나라,
사가 데라우치하이지

절소판형이나 주연부에 유려한
당초무늬[唐草文]가 장식되고 있
다. 그리고 자방에는 1+6+7과의
연자가 놓여 있어 새로운 막새형
으로 전환되고 있다. 이와 같이
일본의 곡절소판형은 반전된 꽃
잎 안에 선각화된 작은 삼각돌기
가 가미되고 자방의 연자배치가
증가하며 주연부에 당초무늬가
새겨지면서 점차 일본의장으로 변화되고 있으나 백제적인 요소가 나라
초기까지 계속되고 있음을 알 수 있다. 이 외에도 백제계 일본와당은
연꽃잎 끝이 솟아 있는 판단융기형도 약간씩 확인되고 있어서 8세기
초반까지 꽤 오랫동안 제작되고 있었음을 알 수 있다.

가마터

　고대에 있어서 기와의 생산은 궁전이나 사원 등의 국가적인 조영사업의 일환으로 대부분이 실시되었다. 그리고 기와의 제작은 수요와 공급의 원칙에 따라 그 수량이나 규모가 결정되게 되는데, 기와의 생산을 담당하는 국가적인 조와(造瓦)조직이 한 시대를 통하여 계속 유지되었을 것으로 보인다.

　조와조직에는 기와의 생산을 관리하는 조와부서와 기와를 제작할 수 있는 장소인 조와소(造瓦所) 그리고 그 기와를 직접 제작하는 기술자인 와공(瓦工) 등이 일정한 조직체를 이루고 있다. 백제시대에는 어떤 형태의 조와조직이 운영되었는지 잘 알 수 없지만, 현재 기와가 출토되는 곳이 궁전이나 사원 그리고 산성 등지에 집중되고 있어서 당시의 생산체제가 국가적인 조영사업의 일환으로 유지되고 있었음을 알 수 있다.

　기와는 전돌과 함께 조와소에서 와공들에 의하여 제작되게 된다. 기와제작소 또는 기와공장이라고 부를 수 있는 조와소는 기와를 만드는 작업장과 이를 굽는 가마, 진흙이나 땔감을 쌓아두는 곳과 기와의 건조장이나 와공들의 주거지 등으로 구성되어 있다. 그리고 와공은 기와의 생산과 그 사용을 담당하는 기술자로서 와장(瓦匠) 또는 와사(瓦師)라고도 한다. 그런데 와공은 가마를 설치하거나 수리하는 자·진흙으로 날기와를 제작하는 자·건조한 날기와를 가마에서 구워내는 자 그리고 완성된 기와를 사용하여 지붕에 이는 자 등 모두를 포함하는 말로 백제에서는 와박사라고 불렀던 것 같다. 그런데 기와와 전돌 등의 제품의 조업활동이 중지되고 가마가 폐요(廢窯)됨에 따라 조와소는 후대에 기와와 전돌을 구웠던 가마터로 남게 되었다.

가마는 소성되는 제품에 따라 그 종류가 여러 가지로 분류되고 있다. 토기를 소성 하는 토기가마[陶窯], 기와를 소성하는 기와가마[瓦窯] 그리고 전돌을 소성하는 전돌가마[塼窯] 등이 있다. 그런데 우리나라에서는 전돌만을 소성하는 전돌가마는 조선시대를 제외하고는 별도로 운영되지 않았고 기와가마에서 기와와 함께 전돌이 생산되는 경우가 일반적이다. 그런데 기와와 토기를 함께 생산하는 가마가 도읍지 주변의 여러 가마터에서 확인되고 있는데 와도겸업요(瓦陶兼業窯)로 부르기도 한다.

기와가마는 그 형태에 따라 굴가마[登窯]와 평가마[平窯]로 구분되고 있다. 굴가마는 소성부 바닥의 경사가 높고 그 형태가 길쭉한 가마로서 구릉지의 경사면을 이용하여 구축된다. 그런데 굴가마는 가마의 몸체가 모두 땅 밑에 묻혀있는 지하식과 가마의 천장과 측벽의 일부가 지상에 노출되어 있는 반지하식(半地下式)으로 구분되고 있다. 평가마는 소성부 바닥의 경사가 거의 없는 평평한 가마인데, 구릉지의 경사면에 구축된 지하식과 반지하식 그리고 평지에 세워진 지상식(地上式)으로 구분되고 있다. 그런데 기와가마는 소성부 바닥에 형성된 단(段)이나 시설에 따라 계단식과 무계단식 그리고 구들식으로 다시 나누어지기도 한다.

기와가마는 가마입구인 아궁이[火口], 땔감을 쌓아 불을 지피는 연소부, 기와를 적재하여 구워내는 소성부, 굴뚝과 연결되는 연도(煙道) 등 네부분으로 이루어지고 있다. 그리고 아궁이의 앞면이나 주변에는 회구부(灰丘部)와 폐기장(廢棄場)으로 부르는 일종의 퇴적층이 형성되고 있다. 그런데 회구부는 기와를 굽고 난 다음에 가마의 내부에서 꺼낸 목탄재·제품의 폐기물·소토(燒土)·가마의 벽체편이 쌓여있는 곳으로, 가마의 조업회수(操業回數)나 제품의 형식변화를 살피는데 중요시되고 있다.

백제의 기와가마터는 현재까지 14곳에서 발견되고 있다. 그런데 가마터는 백제의 마지막 도읍지인 부여지방에 집중되어 대부분이 분포하고 있다. 부여는 도읍지라는 주요한 여건 때문에 다른 지방에 비하여 와전(瓦塼)과 토기를 생산하기 위한 요업(窯業) 활동이 활발하게 전개되었던 곳임을 알 수 있다. 그러나 근래에 이르러 서산의 금덕리가마터와 서울 송파구의 풍납토성가마터·순천의 대안리가마터 등이 새롭게 발견되어 가마의 생산활동과 제품의 수급관계를 통한 당시의 요업연구에 많은 진척이 이루어지게 되었다.

1. 부여 정동리가마터[井洞里窯址]

충청남도 부여읍 정동리(井洞里)에 위치하고 있는 대단위 가마터로 여러 지역으로 나뉘어 분포하고 있다. 가마터는 마을 뒤편에 있는 낮은 산기슭의 동편에서 서편에 이르기까지 A·B·C지구가 일직선을 이루면서 분포하고 있는데, 마을 앞으로는 넓은 들녘이 펼쳐져 있고 서편은 금강(錦江)과 이어지고 있다.

1) A지구가마터

A지구는 마을 동편에 있는 주장산의 남쪽 기슭인데 몇 기의 가마가 유존하고 있다. 현재 많은 민묘(民墓)가 자리잡고 있는데 1970년도에 연꽃무늬전돌과 문자전돌이 발견되어 매장문화재로 신고됨으로써 처음으로 알려진 유적이다. 그런데 발견 당시에 이 유적은 가마터가 아닌 폐고분(廢古墳)으로 간주되었으나 1988년에 실시한 국립부여박물관의 지표조사에 의하여 이 유적이 폐고분이 아닌 가마터로 밝혀져 매우 중요시되게 되었다. 가마터의 주변에는 많은 기와편이 산재하고 있는데 산기슭의 경사면에 구축된 지하식(地下式) 가마로 생각되고 있다.

A지구가마터에서 출토된 유물은 많은 기와류와 전돌류 그리고 약간의 토기편이다. 기와류는 수키와와 암키와로 구분되고 있다. 수키와는 언강과 미구가 없는 무단식으로 그 표면에 삿자리무늬[繩蓆文]가 타흔(打痕)되고 있다. 암키와는 수키와와 같이 삿자리무늬가 타흔되고 있는

사진 215. 연꽃무늬전돌, 부여 정동리가마터　　　사진 216. 연꽃무늬전돌, 부여 정동리가마터

데 이면(裏面)에는 모골(模骨)의 흔적이 남아 있어 기와의 제작기법을 살필 수가 있다. 그리고 토기편은 선조(線條)와 문살무늬가 타흔된 항아리편[壺片]과 그릇받침[器臺]이 수집되었다.

A지구가마터에서는 연꽃무늬나 문살무늬가 배치된 여러 종류의 문양전돌과 문자전돌이 출토되었다. 전돌은 민무늬전돌을 포함하여 20여 점이 수집되었는데 모두 웅진시기에 제작된 것이다. 절반으로 나뉘어진 연꽃무늬전돌(사진 215)은 4엽의 연꽃무늬가 배치되어 있다. 그런데 이와 같은 전돌은 전돌 두장이 합쳐져 한 짝을 이루게 되면 2매1조(二枚一組)가 되어 4엽의 연꽃무늬가 8엽의 연꽃무늬로 완성되게 되는 조합식 문양전돌이다. 연꽃무늬는 원형돌기식으로 반전되고 있는데 간판은 구획선이 생략된 판두형(瓣頭形)이다.

그리고 장방형전돌의 좁은 측면에 2개의 연꽃무늬를 배치한 문양전돌

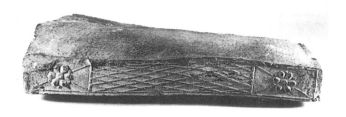

사진 217. 연꽃 · 문살무늬전돌, 부여 정동리가마터

사진 218. 문자전돌, 부여 정동리가마터

(사진 216)이 있다. 전돌의 측면을 두 구간으로 나누고 한 구간에 각각
똑같은 연꽃무늬를 배치하고 있다. 연꽃무늬는 6엽씩인데 볼륨이 후육
(厚肉)하며 꽃잎 끝이 반전되고 있다. 그리고 장방형전돌의 긴 측면에
연꽃무늬와 문살무늬를 함께 배치한 문양전돌(사진 217)이 있다. 전돌
의 측면을 세 구간으로 나누고 좌우측의 두 구간에는 6엽의 연꽃무늬

를, 중앙의 구간에는 문살무늬를 배치하고 있는데 연꽃무늬는 문양전돌의 연꽃무늬(사진 215)와 닮고 있다.

그리고 A지구가마터에서는 두 종류의 문자전돌(사진 218)이 수집되었다. 장방형전돌의 긴 측면에 대방(大方)과 중방(中方)의 명문이 새겨져 있다. 그런데 이와 같은 문양전돌과 문자전돌은 공주의 무령왕릉(武寧王陵)을 축조한 묘전돌과 똑같아 그 수급 관계가 밝혀져서 중요시되고 있다. 무령왕릉에서 출토한 문양전돌(사진 16·141·145)과 문자전돌(사진 38)은 정동리 A지구가마터에서 출토된 전돌과 비교하면 동범전(同范塼)의 관계에 놓여 있어 그 직접적인 수급관계가 확인되었으며 전돌에 배치된 연꽃무늬의 반전수법에서 웅진시기의 특징을 잘 살필 수가 있다. 그리고 정동리가마터에서 출토된 문양전돌은 공주 송산리6호분(사진 142·144)에도 공급되어 널길과 입구의 폐쇄전돌로 사용된 것임을 알 수 있다. 따라서 정동리 A지구가마터는 웅진시기에 구축된 대표적인 백제의 가마터로 공주에서 멀리 떨어진 부여읍내에 위치하고 있어서, 사비천도를 전후한 당시의 시대적인 배경과 와전의 수급관계를 파악하는데 매우 중요시되고 있다.

2) B지구가마터

B지구는 정동리마을과 주장산 사이의 들녘에 위치하고 있다. A지구와 인접되고 있으나 가마의 개요(開窯)는 사비시기에 이루어져 A지구의 가마와 시기적인 차이를 보이고 있다. B지구에서는 암·수키와와

약간의 수막새 그리고 토기편이
수집되었다.

　암·수키와의 표면에는 대부분
선조무늬가 타흔되고 있는데 수
키와는 언강과 미구가 내밀고 있
는 유단식(有段式)도 수집되고
있다. 그리고 암키와에는 '모
(毛)'가 압인된 문자기와도 있다.
수막새는 연꽃무늬가 배치된 것

사진 219. 연꽃무늬수막새, 부여 정동리가마터

과 파무늬가 배치된 것 등 몇 종류가 있다. 수막새(사진 219)는 후육한
8엽의 연꽃무늬가 배치되어 있는데, 꽃잎 끝에는 삼각돌기가 달려 있
다. 자방의 외측에는 원권을 두르고 1+4과의 연자를 놓고 있으며 그 수
급관계가 부여의 용정리절터에서 확인되고 있다. 그리고 파무늬수막새
는 절반가량이 남아 있는데 파무늬가 왼쪽으로 돌고 있는 모습이다. 동
형의 기와가 부여 쌍북리유적과 부소산절터 그리고 능산리절터에서 출
토되고 있다. 따라서 정동리 B지구가마는 수막새의 형식변화를 통하여
7세기 전반경에 조업이 활발하게 이루어진 것으로 생각되고 있다.

3) C지구가마터

　C지구는 정동리마을 서편에 있는 와봉산 남서쪽 기슭에 위치하고 있
다. 이곳은 종래에 기와와 토기편이 많이 수집되었던 지역으로 백제시

대의 건물터로 간주되었으나 1988년 국립부여박물관의 지표조사에 의하여 B지구와 함께 사비시기의 가마터로 새롭게 확인되었다.

가마터에서 수집한 유물은 기와와 토기편이 대부분이다. 기와는 암 · 수키와편으로 '사도(巳刀)'명이 압인된 문자기와와 화엽(花葉)무늬가 압인된 암키와가 있다. 토기류는 큰항아리[大壺] · 병모양토기[并瓦形土器] · 세발토기[三足土器] 등인데 사비시기인 서기 600년을 전후하여 조업이 이루어진 것으로 보고 있다.

2. 서천 금덕리가마터[金德里窯址]

충청남도 서천군 판교면 금덕리 산 28지번에 위치하고 있다. 가마터는 금덕리 만덕부락의 뒤편에 있는 봉림산의 서쪽 낮은 산기슭에 분포하고 있는데 2~3기 정도의 소규모의 가마터로 확인되고 있다. 그런데 이 가마터는 1992년 10월경에 수막새를 비롯한 약간의 기와류와 전돌이 매장문화재로 국립부여박물관에 신고됨으로써 처음으로 알려지게 되었다.

가마터에서 출토된 와전류는 암 · 수키와와 수막새 그리고 전돌 등이다. 수키와는 언강과 미구가 있는 유단식(有段式)인데 표면에 선조(線條)무늬가 타흔되고 있다. 그리고 암키와는 얇은 편인데 수키와와 같이 표면에 선조무늬가 타흔되고 있다.

수막새는 1점(사진 220)이 수집되었다. 균정된 8엽의 연꽃무늬가 배

치되고 있는데 연꽃잎 끝에는 원
형돌기식의 반전수법이 나타나
중요시되고 있다. 그런데 이와
같은 막새형은 공주 대통사지를
비롯하여 부여의 용정리절터 ·
능산리절터 · 군수리절터 · 구아
리유적 · 동남리유적 등지에서
출토된 원형돌기식의 수막새와
동형와(同形瓦)의 관계에 놓이고

사진 220. 연꽃무늬수막새, 서천 금덕리가마터

있어서 그 제작시기가 사비천도 전후까지 소급될 수 있을 것으로 간주
되고 있다. 물론 이와 같은 막새형은 웅진시기에 이미 정형화를 이루어
사비시기인 6세기 전반까지 약간의 변화를 거치면서 계속 제작되고 있
음을 알 수 있다. 사이잎인 간판(間瓣)은 구획선을 지닌 판두형이며 자
방에는 1+6과의 연자를 새기고 있다. 그리고 전돌은 민무늬로 방형전
돌이다.

3. 청양 왕진리가마터[往津里窯址]

충청남도 청양군 청남면 왕진리(往津里)의 금강 서북안과 야산에 위
치하고 있는 대단위 가마단지로 A · B지구의 두 지역군으로 나누어 분
포하고 있다. 이 가마터는 행정구역상으로는 청양군 청남면에 속해 있

으나 금강(錦江)을 사이에 두고 청양과 부여가 마주하고 있으니 부여읍에서 가까운 거리에 위치하고 있다. 가마터에 대한 긴급조사는 1971년도에 국립중앙박물관에 의해 실시되었는데 가마의 형태와 구조 그리고 출토유물을 통한 수급관계가 약간이나마 밝혀지게 되었다. 당시의 긴급조사는 하절기의 홍수 때문에 가마가 유실될 것을 대비하여 실시되었는데 강안에 남아 있는 4기(基)와 야산에 있는 2기(基) 등 모두 6기의 가마가 조사되었다.

1) A지구가마터

A지구는 금강 서북안의 강변에 위치하고 있다. 강변에서 발견된 가마는 모두 10기인데, 이 가운데 제3호가마·제4호가마·제5호가마·제6호가마 등 4기의 가마가 긴급조사되었다. 긴급조사된 A지구의 가마는 지하식 굴가마[登窯]가 3기이고 지하식 평가마[平窯]가 1기씩이다. 그런데 3기의 굴가마는 소성부에 단(段)이 설치되고 있는 계단식임을 알 수 있고 1기의 평가마는 구들식으로 독특한 모습을 하고 있다.

제3호가마와 제5호가마 그리고 제6호가마는 강변의 점토층을 파들어가 구축한 지하식 굴가마로 형태나 구조가 거의 비슷하다. 제5호가마와 제6호가마는 소성부와 연도만 약간 남아 있어 훼손이 심한 편인데, 제3호가마는 연소부와 소성부 그리고 연도가 비교적 잘 남아 있어 가마의 구조와 형태 등을 살필 수가 있다.

제3호가마는 가마의 전체길이가 6.07m 가량이고 소성부의 최대너비가 1.84m 내외인 중형의 가마이다. 아궁이는 파손되어 잘 알수 없으나 그 바닥이 약간 파여진 채 소성부의 바닥과 이어지고 있다. 연소부는 그 평면이 반원형상으로 길이가 0.70m 내외가 되는데 소성부 사이에 높이 0.40m가량인 낮은 단벽(段壁)이 형성되고 있다. 소성부는 천정이 연도에 이르기까지 잘 남아 있는데 반원형의 돔형을 이루면서 20도(度) 가량의 급한 경사를 이루고 있다. 그런데 소성부 바닥은 단(段)이 있는 계단식이며, 개요 당시의 1차요상(窯床)과 최종 폐요 당시의 2차요상으로 구분되어 있고 바닥에 설치된 단의 갯수가 8개와·7개로 차이를 보이고 있다. 1차요상은 지반을 이용하여 단을 만들고 있는데 2차요상은 1차요상의 단 위에 암키와를 이용하여 단을 다시 쌓아 올린 다음에 그 위를 점토로 도포하고 있다. 연도는 잘 남아 있는데 소성부 끝에서 배연구가 반원형으로 뚫어져 역ㄱ자 모양으로 꺾여 있다. 연도는 가마가 지하식이기 때문에 지반을 장방형으로 파내고 3면을 돌로 쌓아 축조했는데 연도 바닥까지의 깊이가 1.96m가량이 되고 있다.

제4호가마(사진 221)는 강변의 사질점토층을 파들어가 구축한 지하식 평가마[平窯]로 소성부의 경사각도가 거의 없는데 그 구조가 독특한 구들식으로서 중요시되고 있다. 가마의 현재길이는 4.74m 가량이고 소성이 최대너비는 1.95m가 되고 있다. 아궁이는 바닥만 남아 있는데 그 너비가 0.85m 정도로 넓은 편이다. 그런데 아궁이의 앞쪽에는 탄재와 소토(燒土) 그리고 기와편 등이 퇴적된 회구부(灰丘部)가 넓게 펼쳐져 있는데 곧바로 강가로 이어지고 있다. 그리고 연소부는 그 길이가

사진 221. 청양 왕진리 제4호가마(A지구)와 그 세부(오른쪽)

0.70m 내외로 짧은데 그 너비는 1.81m가 되어 아주 넓은 편이다.

　제4호가마의 소성부는 천정이 도괴되었으나 측벽은 잘 남아 있다. 소성부는 그 평면이 장방형으로 경사각도가 거의 없는데 바닥에는 구들 모양의 골이 파여있는 낮은 토대(土臺)가 설치되어 중요시되고 있다. 토대는 가마의 세로방향으로 4열(列)이 나 있고, 가로방향으로는 3열이 나 있다. 그런데 세로방향으로 나 있는 토대는 토대 사이에 3개의 골이 형성되어 구들 모양을 하고 있다. 물론 이와 같은 구들 모양의 골은 연소부에서 유입되는 화기(火氣)의 분염(分焰)과 관련되어 있다. 그런데 좌측의 토대 위에는 얇은 할석이 놓여 있다. 이와 같이 소성부 바닥에 골이 나 있는 토대가 설치된 것은 우리나라의 가마에서 처음으로

나타난 구조로 매우 중요시되고
있다. 그리고 연도는 잘 남아 있
다. 소성부 끝에 3개의 배연구가
뚫려 있는데 소성실 바닥에 설치
된 토대 사이의 골과 각각 이어
지고 있다. 연도는 소성부 끝에
서 0.40m 가량 연장되다가 지상
을 향하여 역ㄱ자형으로 꺾이고
있는데 3개의 배연구가 별도의

사진 222. 연꽃무늬수막새, 청양 왕진리가마터

연실(煙室)을 마련하지 않고 1개의 배연구로 합해지면서 확장되고 있
다.

왕진리 A지구가마터에서는 많은 종류의 와전(瓦塼)과 다량의 토기편
이 출토되었다. 와전류는 암·수키와를 비롯하여 수막새와 문자기와
그리고 민무늬전돌 등이다. 암·수키와의 표면에는 선조무늬가 타흔된
것과 민무늬인 것이 있다. 수막새는(사진 222) 제4호가마의 회구부 앞
쪽인 강물속에서 수집되었는데 8엽의 연꽃무늬가 배치되고 있다. 연꽃
잎 끝에는 삼각돌기식의 반전수법이 나타나 있는데 평면형 자방에는
원권을 두르고 1+8과의 연자를 놓고 있다.

문자기와는 암·수키와의 표면에 여러 가지의 문자나 기호가 찍힌 것
으로 인명와(印銘瓦) 또는 인각와(印刻瓦) 등으로 불리고 있다. 왕진리
가마터에서 출토된 문자기와는 신사(申斯)·오사(午斯)·미사(未斯)·

오지(午止)·기사(己巳)·진(辰)·인(寅) 등의 문자가 찍혀 있다. 그런데 이 문자기와의 수요처가 부여의 부소산성·금성산·관북리·가탑리절터·구아리유적과 익산의 미륵사지 등지에서 확인되고 있어서 그 수급관계의 다양함을 살필 수가 있다. 그리고 왕진리가마터에서는 민무늬전돌과 여러 종료의 토기 그리고 토관(土管) 등이 함께 출토되고 있는데, 그 생산체제가 기와와 토기를 함께 번조(燔造)한 와도겸업요(瓦陶兼業窯)의 특성을 보이고 있음을 알 수 있다.

2) B지구가마터

B지구는 A지구의 가마터에서 수백미터 가량 떨어져 있는 야산의 산기슭 계곡에 위치하고 있다. 2기의 가마가 긴급조사되었는데 제1호가마는 세부조사가 이루어지지 않았다. 2기의 가마는 나란히 배치된 병기(竝基)의 모습인데 야산의 계곡을 옆으로 파들어가 구축한 지하식 굴가마[登窯]이다.

제1호가마는 가마의 현재 길이가 3.42m 내외로 소성부와 연도가 확인되었다. 소성부는 측벽이 약간 남아 있는데 바닥은 단이 없는 무계단식으로 B지구의 제2호가마 및 A지구의 가마와 차이를 보이고 있다. 연도는 배연구가 소성부 뒷벽의 중앙에 원형상으로 뚫려 있는데 0.9m 가량 연장되다가 지상으로 꺾이고 있다.

제2호가마(사진 223)는 지하식 굴가마로 가마의 현재길이가 3.69m 내외인데 소성부와 연도가 조사되었다. 소성부는 측벽의 일부와 바닥

사진 224. 민무늬수막새, 청양 왕진리가마터

사진 223. 청양 왕진리 제2호가마(B지구)

이 남아 있는데 바닥은 1차요상(窯床)과 2차요상으로 구분되고 있다. 그런데 1차요상은 지반을 이용한 계단식인데 단이 7개가 확인되고 있다. 2차요상은 1차요상의 단(段) 위에 기와와 점토로 보축한 다음에 설치하고 있다. 바닥에서 4개의 단이 확인되고 있는데 수키와를 옆으로 보축한 와열(瓦列)이 남아 있고 그 위를 덧씌웠던 점토바닥이 남아 있다. 연도는 소성실 뒷벽에 배연구가 원형상으로 뚫려있는데 0.62m 가량 연장되다가 지상으로 꺾이고 있다.

B지구가마터에서는 암·수키와와 수막새 그리고 문자기와 민무늬전돌이 출토되었다. 수키와는 무단식과 유단식이 함께 수집되었는데

암·수기와의 표면에는 선조(線條)무늬가 타흔된 것과 민무늬인 것이 있다. 수막새는 민무늬수막새(사진 224)가 제2호가마에서 출토되었는데 무늬가 배치되지 않아 단순한 의장이나 7세기 전반경에 새롭게 나타난 주요한 막새형이다. 민무늬수막새는 부여의 정림사지와 쌍북리유적 그리고 부소산절터 등지에서 출토하여 왕진리가마와의 수급관계가 짐작되고 있다. 문자기와는 제2호가마에서 많이 출토되었는데 사도(巳刀)·신포(申布)·기묘(己卯)·오륵(午肋)·오지(午止)·을유(乙酉)·신(申) 등의 문자가 찍혀 있다.

4. 부여 정암리가마터[亭岩里窯址]

충청남도 부여군 장암면 정암리 내동부락에 위치하고 있는 백제시대의 가마터로 A·B·C·D지구로 나뉘어 넓게 분포하고 있다. 이 가마터는 부여읍에서 직선거리로 약 4킬로미터 가량 떨어져 있는데 1987년도에 처음으로 발견되었다. 그런데 가마터는 금강 대안의 산기슭 구릉지에 몇 지역군으로 나뉘어 수십기가 분포하고 있는데 1988년부터 1991년까지 국립부여박물관에서 3차에 걸쳐 발굴조사를 하였다.

발굴조사는 A·B지구에 한하여 실시되었다. 현재까지 6기의 평가마[平窯]와 3기의 굴가마[登窯]가 조사되었는데 많은 와전류와 토기류가 출토되어 백제요업사(窯業史)의 연구에 많은 진척이 이루어지게 되었다.

1) A지구 가마터

A지구는 내동부락의 동편에 있 는 낮은 산기슭의 구릉지에 해당 하는데 1988년도에 2기의 가마 가 발견되어 그 가운데 1기의 가 마(제1호가마)가 발굴조사되었 다. 그런데 2기의 가마는 산기슭 의 구릉사면을 옆으로 파들어가 구축한 지하식 굴가마로 가마 앞 의 회구부(灰丘部)를 중심으로

사진 225. 부여 정암리 제1호가마(A지구)

서로 이웃하고 있다. 그런데 A지구에는 이 가마 외에도 주변에 여러 가 마가 더 유존(遺存)하고 있는 것으로 보인다.

제1호가마(그림 5 · 사진 225)는 거의 완전한 상태로 남아 있었다. 소 성부의 천정 일부가 호우(豪雨)에 의하여 무너졌고 연도의 윗쪽이 삭토 되어 유실되었다. 아궁이와 연도를 잇는 가마의 주축은 동서 방향인데, 가마의 전체길이는 4.85m이고 소성부의 최대너비가 1.72m 가량인 중 형의 가마이다. A지구의 제1호가마는 가마의 몸체가 모두 지하에 묻혀 있는 지하식 평가마로 분류되고 있는데, 연도의 배연구(配煙口)가 2개 인 점이 이채롭다.

아궁이는 입면 종타원상으로 입구의 좌우측에 돌이 세워져 있다. 연 소부는 평면 반원상으로 천정이 낮은데 그 길이가 0.75m이고 높이가

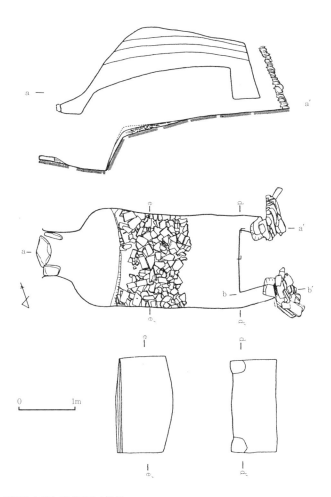

그림 5. 정암리 A지구 제1호가마 실측도

1.6m 가량이 되고 있다. 그런데 연소부와 소성부 사이에는 높이 0.9m 가량의 단벽(段壁)이 형성되어 있으며 소성부는 경사도(10도)가 낮은 평면 장방형을 이루고 있다. 소성부의 길이는 2.16m이고 천정까지의 높이는 1m 내외로 낮은 편이다. 그런데 소성부의 두 측벽은 직립(直立)된 채 천장의 전반부가 '돔'형을 이루고 있으나 뒷벽에 이를수록 천장이 낮아져 점차 평평하게 변하고 있다. 소성부의 바닥은 3회 가량 보축(補築)되어 몇 차례에 걸쳐 개수된 것으로 조사되었는데 폐요(廢窯) 이후 그 내부는 공동(空洞)상태이었음을 알 수 있다.

연도는 소성실 뒷벽의 두 곳에 역ㄱ자모양으로 설치하였다. 그런데 두 개의 배연구는 소성실 뒷벽에서 둥글게 뚫려져 0.62m 가량 연장되다가 지표를 향하여 꺾이고 있는데 그 평면이 장방형을 이루고 있다. 배연구는 땅을 파내고 밑에 돌을 놓고 한두 면을 수키와로 겹겹이 쌓아올려 축조하였는데 지표까지의 높이는 각각 0.72m, 1.3m가 되고 있다.

제1호가마의 앞쪽에서는 가마의 내부에서 꺼낸 목탄재·제품의 폐기물·소토(燒土) 등이 퇴적되어 있는 회구부(灰丘部)가 확인되었다. 회구부의 두께는 1.33m 내외인데 10여개의 층위(層位)로 구분되고 있다. 그런데 윗쪽의 두 층위는 마지막 소성 후에 가마의 내부에서 꺼낸 폐요 당시의 폐기물층인데, 발굴조사 때에 수막새·전돌·벼루·토기·토관(土管) 등 대부분의 유물이 이 층위에서 출토되었다. 아랫쪽의 8개 층위는 목탄재와 소토(燒土)가 혼합되어 이루어진 층인데 제품의 조업회수(操業回數)와 관련이 있는지는 확실하지가 않다.

한편 회구부 바닥과 제1호가마의 좌우측에서 7개의 기둥구멍[柱穴]이 발견되어 중요시되었다. 기둥구멍은 지름이 20~35㎝이고 깊이가 50~70㎝인데 바닥의 우측에서는 2열(列)을 이루고 있다. 그런데 이와 같은 기둥구멍은 조업시에 풍우를 방지하기 위한 목조가구 시설의 기둥자리로 추정되고 있다.

제2호가마는 제1호가마의 좌측에 있다. 제1호가마의 회구부 바닥에서 노출된 기둥구멍의 확인과정에서 새롭게 발견된 가마로, 민묘(民墓) 때문에 발굴조사가 이루어지지 않았다. 아궁이는 그 입구가 3장의 돌로 구축되고 있는데 높이와 너비가 각각 60㎝, 50㎝가 되고 있다. 아궁이의 내부는 회토(灰土)와 소토로 가득 채워져 있는데 아궁이의 윗쪽에는 제1호가마에서 꺼낸 폐기물인 기와편과 소토가 쌓여 있다. 따라서 제2호가마는 제1호가마보다 먼저 폐요(廢窯)된 것으로 생각되고 있다.

정암리 A지구가마터에서 출토한 유물은 와전류와 토기류로 구분되고 있다. 와전류는 수막새·수키와·암키와·치미·민무늬전돌 등이고

사진 226. 완형토기.
부여 정암리가마터

토기류(사진 226)는 자배기형토
기·완형(盌形)토기·원통형토
기·토기뚜껑 등이다. 그리고 이
외에도 벼루와 토관 등이 함께
출토되어 와도겸업요(瓦陶兼業
窯)의 특성을 잘 보여주고 있다.
유물은 제1호가마의 회구부에서
대부분 출토되었는데 제품을 소
성한 다음에 가마의 내부에서 꺼
낸 폐기물로서 남겨진 것이다.

사진 227. 연꽃무늬수막새, 부여 정암리가마터

수키와는 무단식과 유단식으로 구별되고 있는데 암키와와 같이 표면
에 선조(線條)무늬가 타흔되고 있다. 수막새(사진 227)는 한 종류만 출
토되고 있으며 8엽의 연꽃무늬가 배치되고 있다. 연꽃무늬는 소문단판
(素文單瓣)양식인데 꽃잎 끝에 삼각돌기가 달려 있다. 넓은 자방에는
1+4과의 연자를 놓고 있는데 6세기 후반경에 제작된 것으로 간주되고
있다. 그런데 그 수요처가 부여읍내에 있는 군수리절터와 동남리유적
등지에서 확인되고 있다.

2) B지구가마터

B지구는 A지구에서 서북편으로 약 80m 가량 떨어진 구릉지에 해당
된다. 1988년도에 실시한 A지구의 긴급발굴조사 중에 실시한 지표조

사에서 와전류가 수집되어 이미 가마터가 유존하고 있었던 곳으로 예상했던 지역이다. B지구는 1990년부터 2차에 걸쳐 국립부여박물관에서 발굴조사를 실시하여 8기의 백제시대의 가마터와 각각 1기씩인 고려 및 조선시대의 가마가 조사되었다.

8기의 백제시대의 가마터(사진 23)는 구릉사면의 석비래층을 파고 들어가 구축한 지하식가마로 그 형태에 의하여 평가마(제1·2·3·5·6호가마)와 굴가마(제7·8·9호가마)로 구분되고 있다. 그런데 6기의 가마는 2기병렬식(二基竝列式)으로 서로 인접하여 나란히 구릉지의 하단부에서 점차 상단부로 이동하면서 구축되고 있다. 가마의 주축은 아궁이를 북쪽에 둔 남북방향으로 축조되고 있다.

제1호가마는 아궁이와 연소부 그리고 단벽의 일부가 남아 있는 지하식 평가마로 제2호가마의 아궁이에서 북쪽으로 약 3.40m 가량 떨어져 있다. 연소부는 평면 반원형을 이루고 있는데, 소성부와의 사이에 높이 50㎝ 가량의 단벽이 형성되고 있다. 제2호가마(그림 6)는 비교적 잘 남아 있는데 소성부의 천장이 무너져 있다. 동쪽에 인접한 제3호가마와 함께 2기병렬식으로 구축된 평가마[平窯]로 전체 길이가 5.27m이고 소성부의 최대너비가 2.02m이다. 그런데 소성실 바닥에는 기와편으로 형성된 5개의 낮은 와단(瓦段)이 있다. 소성부는 경사도(9.5도)가 낮은 평면 제형(梯形)인데 그 길이가 2.20m가 되고 있다. 연도는 소성실 뒷벽의 3개소에 배연구가 뚫려 있는데 84㎝ 가량 연장되다가 지표를 향하여 역ㄱ자 모양으로 꺽이고 있다. 배연구의 외벽은 돌로 쌓아 올렸는

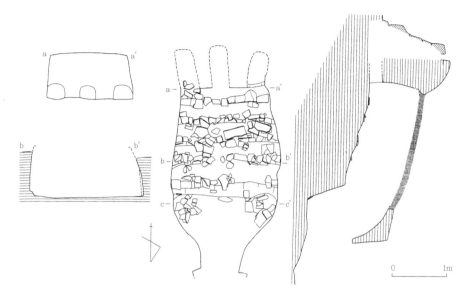

그림 6. 정암리 B지구 제2호가마 실측도

데 B지구의 제3호가마·제5호가마·제6호가마의 연도와 비슷하다. 그
런데 이와 같은 연도는 A지구 제1호가마의 연도와 비교되고 그 벽면이
기와로 쌓아 올린 와축(瓦築)이 아니고 돌로 쌓은 석축(石築)이라는 점
에서 가마의 축조기술이 점차 발달되어 왔음을 이해할 수가 있다.

제3호가마는 지하식 평가마로 제2호가마에서 1.8m 가량 떨어여 있
다. 천장은 무너졌는데 가마의 구조는 제2호가마와 비슷하다. 가마의
전체길이는 5.78m이고 소성부의 최대너비는 1.94m가 되고 있다. 소

사진 228. 부여 정암리가마터(B지구)

성부는 경사도(10도)가 낮은 평면 반원형으로 그 길이가 1m 가량 남아 있는데 바닥에는 5개의 낮은 와단이 설치되고 있다. 연도는 소성부 뒷 벽에 3개의 배연구가 뚫려 있는데 제2호가마의 연도와 비슷하다. 그런 데 제2·3호가마의 전면에는 넓은 회구부가 펼쳐져 있다(사진 228). 회구부에는 좌우측에 남북방향으로 길다란 석렬(石列)이 발견되었는데 그 내부의 퇴적층 두께가 50㎝ 정도로 4~5개의 층위로 구분되고 있 다. 그런데 회구부 바닥에서는 목조가구 시설로 추정되고 있는 기둥구 멍[柱穴]이 발견되었고, 수키와로 축조된 배수시설이 나타나 중요시되 었다. 회구부에서는 연꽃무늬수막새를 비롯하여 많은 와전류와 약간의 토기편이 출토되었다.

제5호가마(사진 229)는 제6호가마와 함께 2기병렬식으로 구축된 지

사진 229. 부여 정암리 제5호가마(왼쪽)와 연도

하식 평가마로 가마의 구조는 제2·3호가마와 거의 비슷하다. 천정은 이미 무너졌는데 아궁이를 비롯한 가마의 앞쪽이 기와와 점토로 여러 차례 개축되었다. 가마의 전체길이는 4.90m이고 소성부의 최대너비는 2.20m 가량인 중형의 가마이다. 연소부의 바닥에는 돌이 깔려 있어 특이한데, 소성부는 경사도(10도)가 낮은 평면 반원형으로 바닥에는 기와 편으로 낮게 설치된 와단이 있다. 연도는 3개의 배연구로 이루어졌는데 그 외측을 돌로 쌓고 있다.

제6호가마는 지하식 평가마로 가마의 전체길이가 4.52m 가량이다. 가마의 천정은 무너졌는데 아궁이가 폐쇄된 채 조사되었다. 아궁이는

사진 230. 부여 정암리 제7호가마(오른쪽)와 연도

입구가 큰 돌로 막힌 채 노출되었는데 가마의 내부를 볼 수 있는 원통형의 토관(土管)이 별도로 꽂혀 있어 중요시되고 있다. 연소부와 소성부 사이에는 높이 61cm 가량의 단벽이 형성되어 있고, 소성부는 경사도(7도)가 낮은 평면 제형(梯形)인데 바닥에는 5개의 와단(瓦段)이 설치되어 있다. 그리고 연도는 제5호가마의 연도와 거의 같다. 또한 제5호가마와 제6호가마의 전방에서는 제품의 폐기물과 목탄재 · 소토 등이 퇴적된 회구부가 동서방향으로 길게 노출되었는데 동편에서는 많은 기와편이 쌓여 있었다. 그런데 회구부의 바닥에서는 6개의 기둥구멍이 발견되었다.

제7호가마(사진 230)는 제9호가마와 함께 2기병렬식으로 동시기에 구축된 지하식 굴가마[登窯]로 앞의 여러 가마와 구조적인 차이를 보이고 있다. 가마의 천장은 무너졌으나 가마의 내부는 잘 남아 있다. 아궁이에서 연도까지의 전체길이가 6.60m이고 소성부의 최대너비가 1.10m 가량인 길쭉한 가마로 소성부 바닥이 기와편으로 이루어진 계단식임을 알 수 있다. 소성부에는 조사 당시에 기와와 전돌편이 가득 채워져 있었는데, 가장 위쪽에는 전돌편이 많이 쌓여 있어 최종 조업시에 전돌을 소성한 것으로 보인다. 소성부는 경사도가 21도(度)로 앞의 평가마의 경사도보다 훨씬 높은데 가마의 형태가 전체적으로 세장한 모습을 하고 있다. 소성부 바닥은 기와편으로 낮게 이루어진 8개의 와단이 확인되었다. 그런데 연도는 소성부 끝에서 약간 뻗다가 곧 바로 꺾이고 있는데 그 외측을 작은 돌로 보강하고 있다.

제8호가마(그림 7)는 제6호가마의 서쪽에 단독으로 구축되고 있는 지하식 굴가마이다. 가마의 전체길이가 5.80m이고 소성부의 최대너비가 1.70m 가량이 되고 있다. 소성부는 경사도가 24.5도로 높은 편인데 6개의 계단이 확인되었다. 그런데 계단은 먼저 지반을 층을 이루듯이 깎아 토단(土段)을 만든 다음에 그 위에 기와를 부설하는 방법으로 축조하고 있어서 이채롭다. 연도는 소성실 끝에서 1m 가량 연장되다가 지상으로 이어지고 있다.

제9호가마는 앞의 제7호가마와 같이 지하식 굴가마로 천정과 연도가 이미 유실되어 있는데, 가마의 현재길이는 4.70m 가량이다. 연소부와

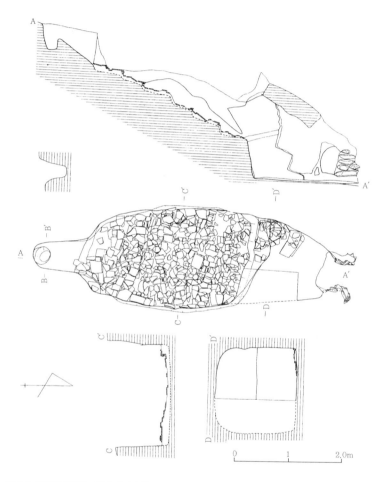

그림 7. 정암리 B지구 제8호가마 실측도

사진 231. 연꽃·인동무늬전돌 출토 모습

소성부 사이에는 높이 50cm의 단벽이 있는데 몇차례의 수리를 거치고 있다. 소성부는 경사도가 22.5도로 높은 편인데 길쭉한 모습을 하고 있다. 소성부에는 많은 기와편과 토기편이 쌓여 있는데 와도겸업요의 특성을 보여주고 있다. 그런데 소성부의 우측벽의 하단과 바닥의 연접부에는 너비 7cm, 깊이 5cm 가량의 긴 구덩이가 파여 있어서 중요시되고 있다. 이와같은 구덩이는 가마에서 처음으로 발견되어 그 성격을 잘 알 수 없으나 가마의 침수를 방지하기 위한 시설로 생각되고 있다.

그리고 제7호가마와 제9호가마의 전방에는 회소토(灰燒土)와 와전편이 퇴적한 회구부가 노출되었다. 회구부의 바닥에서는 6개의 기둥구멍이 발견되었고 회구부의 동편에서는 점토를 쌓아 두었던 지름 1m 가량의 구덩이가 확인되었다. 한편 제8호가마의 서쪽에서는 작업장과 관련된 유구(遺構)가 발견되었다. 긴 석렬(石列)과 원형의 구덩이가 확인되었는데 이곳에서 연꽃·인동무늬 특수전돌이 출토(사진 231)되어 그

사진 232. 연꽃무늬수막새 출토 모습

수급관계를 살필 수가 있었다.

정암리 B지구가마터에서 출토된 유물은 와전류와 토기류이다. 와전류는 암·수키와를 비롯하여 수막새, 서까래기와, 치미, 민무늬전돌, 연꽃·인동무늬전돌 등이고 토기류는 완형토기·자배기형토기·토기뚜껑 등으로 A지구가마터에서 출토된 유물과 몇 예를 제외하고는 큰 차이가 없다(사진 232).

수키와는 형태에 따라 무단식과 유단식으로 구분되고 있는데 표면에 선조무늬가 타흔되고 있다. 그리고 암키와는 많은 수량이 출토되었으나 대부분 파손되었다. 그런데 수키와와 같이 표면에 선조무늬가 타흔된 후 약간씩 정면(整面)되고 있다. 이면에는 포목(布目)흔적이 남아 있고 모골(模骨)을 구성하는 판재(板材)의 압흔(壓痕)이 7~8개 가량 확인되고 있어 당시의 제작기법을 살필 수가 있다. 수막새는 A지구가마터에서 출토한 것과 형식적으로 거의 같으며 수막새의 지름이 9.3㎝ 가량인 소형의 것도 있다. 모두 8엽의 연꽃무늬가 배치되고 있는데 꽃잎 끝이 삼각돌기식으로 반전되고 있다. 전돌은 그 형태가 장방형으로 대부분 무늬가 새겨지지 않은 민무늬전돌이다. 그런데 작업장 관련 유구에서 연꽃 · 인동무늬전돌이 출토되었는데 그 동범(同范)전돌이 부여의 군수리절터 · 정림사지 · 금성산 등지에서 수집되어 복수공급체계의 수급관계를 살필 수 있다.

3) C · D지구 가마터

C지구는 정암리 내동마을의 앞쪽에 있는 농경지일대와 구릉지에 위치하고 있다. 가마터의 주변에는 많은 기와편과 가마의 벽체편이 산재하고 있는데 연꽃무늬수막새가 수집되었다. 그리고 D지구는 A지구의 동편에 위치하고 있는데 가마가 유존하고 있는 구릉지가 농경지로 변하여 가마터가 훼손되고 있다.

C지구에서 수집된 수막새(사진 233)는 절반가량이 파손되고 있는데 A · B지구의 가마터에서 출토된 수막새와 전혀 다른 유형이다. 8엽의 연꽃무늬가 배치되고 있는데 꽃잎 끝에 날카로운 선각이 새겨지고 있다. 자방은 평면형으로 몇 과의 연자를 놓고 있

사진 233. 연꽃무늬수막새. 부여 정암리가마터

는데 그 외측에 짧은 단선(短線)으로 이루어진 꽃술대가 둘러지고 있다. 전체적으로 약간 퇴화된 기미를 보이고 있는데 7세기 전반경에 제작된 것으로 생각되고 있다.

5. 청양 관현리가마터[冠峴里窯址]

충청남도 청양군 장평면 관현리 질평마을에 위치하고 있다. 이 가마터는 1996년 2월경에 농산물 간이집하장과 우사를 짓기 위한 정지작업 중에 우연히 발견되었는데, 같은 해 7월에 대전보건대학박물관에서 가마 1기(제1호가마)를 발굴조사하였다. 그런데 가마는 천정의 함몰 이외에는 거의 완전한 모습으로 조사되었다(사진 24).

제1호가마(그림 8)는 망월산 남쪽에 넓게 펼쳐진 들녘의 구릉사면을 옆으로 파 들어가 구축한 지하식 굴가마로 조사과정에서 많은 기와류와 토기편이 출토되었다. 가마의 주축은 남북방향인데 전체길이가 6.3m 내외이고 소성부의 최대너비가 1.9m 가량인 중형의 가마이다.

아궁이는 단면 타원상으로 그 지름이 1m~1.1m 가량이 되고 있다. 아궁이의 바닥은 소성부의 바닥보다 약간 높은데 그 입구는 점토로 보강된 할석들이 쌓여 있다. 그런데 이 할석들은 제품의 환원(還元)에 필요한 입구의 폐쇄용 돌임을 알 수 있다. 연소부는 길이가 1.1m이고 천정까지의 높이가 1.15m 내외가 되고 있다. 그런데 연소부와 소성부 사이에는 가마가 구축된 다음에 소성부 바닥에 기와가 부설됨으로써 15㎝

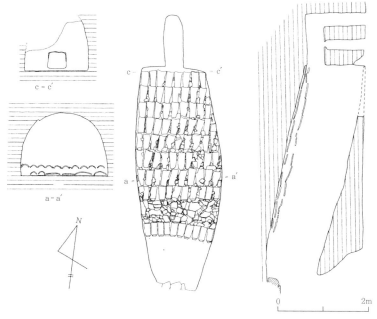

그림 8. 관현리 제1호가마 실측도

가량의 높낮이의 차이가 나타나 이채롭다. 처음 가마를 구축했던 당시
에는 가마내부의 바닥이나 측벽에 별다른 시설이 없었으나 제품의 생
산과정에서 소성부 바닥에 기와가 부설됨으로써 연소부와 소성부의 경
계가 이루어졌고 단벽(段壁)과 같은 높낮이의 효과를 나타내고 있다.

  소성부는 단면 반원형으로 그 길이가 4m 가량이고 천정까지의 높이
는 1.25m가 되고 있다. 소성부의 경사도는 12도 내외가 되고 있는데

사진 234. 청양 관현리 제1호
가마 내부 모습

백제의 굴가마[登窯]로서는 그 경사도가 비교적 완만한 편이다. 소성부 바닥에는 기와가 두 겹으로 열을 이루면서 부설되어 있어서 매우 특이하다. 가마의 주축방향으로 상부와 하부에 각각 10열과 11열씩 부설하고 있는데 암·수키와의 사용과 토기편의 활용 등으로 차이를 보이고 있다(사진 234).

상부의 기와열[瓦列]은 가마의 주축방향으로 10열을 이루고 있다. 소성부 선단에서 제1열과 제3열은 10장씩의 유단식 수키와를 깔고 있으며 제2열은 너비 50cm 가량으로 호형의 토기편을 깔고 있다. 그런데 제4열부터 제10열까지는 10장씩의 무단식 수키와와 8~9장씩의 무단식 수키와를 부설하고 있어서 소성부 바닥의 너비에 따라 차이를 보이고 있다. 하부의 기와열은 가마의 주축방향으로 11열을 이루고 있다. 소성부 선단에서 제1열부터 제5열까지는 암키와를 대부분 깔았으며 제6열부터 제11열까지는 무단식 수키와를 전부 부설하고 있어서 이채롭다. 그런데 이와 같은 기와열은 우리나라의 가마에서 처음 발견되는 시설로 중요시되고 있으며 제품의 소성과 그 적재에 유익한 것으로 간주되고 있다. 소성부 바닥에 기와가 부설되어 연소부 사이에 단벽이 형성됨으로써 제품 및 땔감의 적재가 용이해지고 제품의 소성에 따른 불길의 흐름도 그만큼 원활하게 될 것으로 짐작되고 있다. 그리고 기와열이 가마의 주축방향으로 부설되어 골이 생기게 됨으로써 침수에 따른 가마의 보존에도 유익한 것으로 생각되고 있다.

연도는 소성실 뒷벽에 설치했는데 그 배연구는 단면 방형을 이루고 있다. 그런데 연도는 1.2m 가량 연장되다가 지상을 향하여 역ㄱ자 모양으로 꺾이고 있는데, 지상으로 꺾이고 있는 연도가 가마의 주축 방향으로 일렬(一列)을 이루면서 2개의 배연구로 나누이고 있어서 특이하다. 이와 같은 연도의 구조는 처음으로 발견되었는데 제품에 따라 불길을 조절하려는 또 다른 소성기법에서 비롯된 것이 아닌가 생각되고 있다.

그리고 가마의 아궁이 앞쪽에서는 길이 6.2m, 너비 4.7m, 깊이 0.5m 가량의 회구부가 나타났다. 그런데 회구부는 크게 두 층으로 구분되고 있다. 하층의 퇴적층은 제1호가마의 조업 당시에 형성된 회구부로 보았으나 상층의 퇴적층은 제1호가마의 폐요 이후에 형성된 새로운 회구부로 조사자는 간주하고 있다. 그러나 제1호가마의 주변에서 별도의 가마는 아직 발견되지 않았다. 그런데 회구부 바닥에서는 지름 10㎝

가량의 큰 기둥구멍 4개와 지름 5㎝ 가량인 작은 기둥구멍 23개가 확인되어 풍우를 막기 위한 목조가구시설이 있었음을 알 수 있다. 그리고 가마의 서쪽과 연도의 동쪽에서는 가마를 감싸듯이 돌아가는 도랑과 같은 유구가 발견되었다. 그 깊이는 삭토되어 3~4㎝ 정도로 얕으나 침수로부터 가마를 보호하기 위한 배수로였을 것으로 짐작하고 있다.

　관현리가마터에서는 많은 와전류와 토기류가 출토되었다. 와전류는 전돌을 비롯하여 수막새와 암·수키와 그리고 치미 등이고, 토기류는 평저사이호(平底四耳壺)·파수부호·평저완·토기뚜껑 등이다. 따라서 관현리 제1호가마는 그 출토유물을 통하여 그 생산체제가 와도겸업 요임을 알 수 있다. 그런데 제1호가마의 연도 내에서 출토된 수막새는 조그만 파손품에 불과하나 연꽃잎 끝이 원형돌기식의 반전수법을 보이고 있다. 그런데 이와 비슷한 수막새가 부여의 왕흥사지에서 출토되고 있다. 그리고 회구부에서 출토된 수막새(사진 235)는 연꽃잎이 꽃잎 끝에 이르러 꺾이면서 소엽상(小葉狀)으로 반전되고 있음을 알 수 있다. 이와 같은 수막새는 7세기 전반경에 성행하는 곡절소판형(曲折小瓣型)으로 분류되고 있는데 부여의 금강사지와 왕흥사지에서 출토된 수막새(사진

사진 235. 연꽃무늬수막새, 청양 관현리가마터

111·113)와 거의 같아 그 직접적인 수급관계를 살필 수가 있다. 이와 같이 청양 관현리가마터는 1기의 가마가 조사되었지만 많은 성과를 얻게 되었다. 소성부 바닥에 부설된 기와열[瓦列]이나 연도의 배연구가 가마의 주축방향으로 일렬을 이루면서 2개로 분리되고 있다는 점은 우리나라의 가마 연구에 중요한 자료가 되고 있다.

6. 부여 현북리가마터[縣北里窯址]

　충청남도 부여읍 현북리의 산기슭에 위치하고 있다. 가마터는 백제의 절터인 임강사지의 동남편에 분포하고 있는데, 1981년도에 실시한 농업용수로의 복구공사때 처음으로 발견되었다. 가마는 산기슭을 파고 들어가 구축한 지하식 굴가마로 간주되고 있는데, 많은 암·수키와와 수막새가 수집되었다. 그런데 이 가마터와 인접한 서북편의 산기슭에서 고려시대의 청자가마터가 유존하고 있음도 2002년에 실시한 국립중앙박물관 미술부의 지표조사팀에 의해 새롭게 확인되었다.

　수키와는 무단식과 유단식으로 구분되고 있는데 표면은 무늬가 없는 민무늬인 것과 선조무늬가 타흔된 것이 있다. 암키와는 표면에 선조무늬가 대부분 타흔되고 있는데 이면에는 포목흔적과 모골흔적이 남아 있다. 수막새(사진 236)는 1점에 불과하지만 7세기 초의 화려한 장식성을 잘 보여주고 있다. 7엽의 연꽃무늬가 배치되고 있는데 꽃잎 안에 둥그런 엽두(葉頭)를 지닌 꽃술형자엽(子葉)이 새겨지고 있다. 사이잎

인 간판은 구획선이 없는 판두형
이다. 그리고 부조형의 넓은 자
방에는 1+8과의 연자를 놓고 있
는데 그 외측에 3열을 이루는 직
립(直立)의 꽃술대가 새겨져 전
체적으로 매우 화려한 모습을 하
고 있다. 그런데 이 수막새의 동
범와당이 부여의 정림사지 · 부

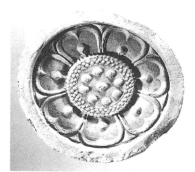

사진 236. 연꽃무늬수막새, 부여 현북리가마터

소산절터 · 동남리 · 관북리 추정
왕궁지 등 여러 유적지에서 확인되어 현북리가마터의 수급체계가 복수
공급의 형태를 취하고 있음을 알 수 있다.

7. 부여 쌍북리가마터[雙北里窯址]

충청남도 부여읍 쌍북리 산 30~14지번에 위치하고 있다. 이 가마터
는 1941년에 실시한 금성산과 남령공원을 통과하는 간선도로공사 때
가마 1기가 수습조사되었다. 그러나 당시의 조사결과가 아직 보고되지
않아 가마의 구조나 출토유물에 대하여 잘 알 수가 없다. 그러나 쌍북
리가마터는 현재 사적 제99호로 지정되어 보호되고 있는데 산기슭에
가마의 일부가 잔존하고 있다.

쌍북리가마터에 대한 당시의 간단한 조사일지에 의하면 가마는 산기

흙의 북쪽 경사면을 굴착하여 구축한 지하식 굴가마로 밝혀졌다. 아궁이와 연도가 확인되었는데 가마의 몸체에 대한 세부조사는 실시하지 않아 그 구조는 알 수 없는 상태이다. 그러나 조사 당시에 약간의 기와와 토기편이 수습되어 와도겸업요임을 알 수가 있다.

8. 부여 동남리가마터[東南里窯址]

충청남도 부여읍 동남리 635번지에 위치하고 있다. 이 가마터는 1963년에 한 주민의 채토(採土) 작업 중에 우연히 발견되었다. 그런데 그 당시에 발견된 3기의 가마 가운데 1기의 가마를 국립부여박물관에서 간단히 조사하였다.

가마는 그 몸체의 주축이 동서방향으로 연소부와 소성부가 남아 있는데 가마의 길이가 4.75m 가량이 되고 있다. 그러나 가마의 길이가 짧아 연도는 이미 유실된 것으로 간주되고 있다. 가마는 지하식 굴가마로 보고되었는데 이 가마터가 백제시대의 유적인지는 아직 확실하지가 않다.

9. 부여 동남리정림사가마터[東南里定林寺窯址]

충청남도 부여읍 동남리에 있는 정림사지의 동편에 위치하고 있다. 이 가마터는 1989년에 실시한 부여 정림사 인접지역 시굴조사 때에 발견되어 조사된 것으로, 암·수키와를 비롯한 치미 등의 많은 기와편과 완이나 그릇받침 등의 토기편이 출토되었다.

가마는 가마의 바닥[窯床]만이 남아 있었는데 남북길이가 5.0m 그리고 동서길이가 7.1m 정도로 아주 넓은 편이다. 그런데 이 유구(遺構)가 가마의 바닥인지는 그 규모가 너무 크기 때문에 더 검토되어야 할 것으로 생각되고 있다. 그런데 가마는 바닥이 평평하여 평가마[平窯]로 분류되었는데 정림사의 창건당시에 개요(開窯)된 것으로 보인다.

10. 기타 가마터

백제시대의 기와 또는 토기를 함께 생산했던 가마터는 이 외에도 여러곳의 가마터가 알려지고 있다. 최근에 긴급조사된 서울 송파의 풍납토성가마터를 비롯하여 충청남도 부여의 신리가마터와 용정리가마터 그리고 전라남도 순천의 대안리가마터 등이 있다.

송파의 풍납토성가마터는 서울 송파구 풍납동 231번지 일대에 위치하고 있다. 1997년 풍납동 아파트건설현장에서 백제토기가 많이 발견되어 그동안 국립문화재연구소에서 몇 차례에 걸쳐 발굴조사를 실시했는데 1기의 토기가마가 조사되었다. 가마터에서는 광구단경호편·직구소호편·발·완편·뚜껑편 등 다량의 백제토기가 출토하였다. 그런데 약간의 암·수키와가 토기류와 함께 출토되어 이 가마가 도와겸업요(陶瓦兼業窯)의 생산체제임을 알 수 있다. 그런데 많은 수량의 토기류

에 비하여 기와는 몇 점에 불과하여 폐요 이후에 기와가 혼입되었을 수
도 있어 가마의 특성은 좀 더 검토되어야 할 것으로 생각되고 있다. 그
런데 가마는 회구부를 비롯하여 연소부와 소성부가 남아 있었는데 반
지하식가마로 분류되었다.

부여의 신리가마터[新里窯址]는 충청남도 부여군 규암면 신리에 위치
하고 있다. 가마는 천정일부가 노출되고 있는데 마을 입구의 낮은 야산
의 구릉지에 구축된 지하식가마이다. 1973년 채토(採土) 작업 중에 발
견되었는데 문살무늬가 타흔된 백제시대의 무단식수키와가 수집되었
다.

그리고 이외에도 부여의 용정리가마터[龍井里窯址]와 부여에서 멀리
떨어진 순천의 대안리가마터[大安里窯址]가 있다. 용정리가마터는 충
청남도 부여읍 용정리의 소룡골에 위치하고 있는데 곧바로 인접하여
용정리건물터가 있다. 그런데 용정리건물터는 1985년에 발굴조사되어
연꽃무늬수막새를 비롯하여 많은 수량의 암·수키와가 출토되어 7세기
초의 백제유적으로 간주되었는데, 용정리가마터는 이 건물터의 전용가
마임을 알 수 있다. 그리고 순천의 대안리가마터는 전라남도 순천시 해
룡면 대안리의 소안마을에 위치하고 있다. 가마는 소안마을 남쪽에 있
는 대안저수지의 구릉지에 구축되고 있는데 아궁이와 연소부가 훼손되
었을 뿐 비교적 잘 남아 있다. 가마는 몸체의 주축이 남북방향이며 지
하식가마로 분류되고 있는데 토기와 기와를 함께 생산한 와도겸업요임
을 알 수 있다. 그런데 토기는 호형토기(壺形土器)가 많으며 암·수키

와는 그 표면이 민무늬이거나 선조무늬가 타흔되고 있다.

이와 같이 백제의 가마터는 부여지방에 집중하여 분포하고 있으나 근래에 이르러 여러 곳에서 새로운 가마터가 계속 발견되고 조사됨으로써 백제 요업활동의 다양함을 살필 수가 있다. 그리고 가마의 형태는 물론 그 구조와 제품의 수급관계를 어느 정도 밝힐 수가 있었다. 백제의 가마는 형태에 따라 굴가마[登窯]와 평가마[平窯]로 분류되고 있다. 굴가마는 대부분 지하식가마로 소성부의 바닥에 형성된 단(段)에 따라 계단식과 무계단식으로 나뉘고 있다. 그리고 평가마는 그 구축방법에 따라 지하식가마와 반지하식가마로 구분되고 있으나 소성부바닥에 설치한 단에 따라 계단식과 무계단으로 다시 나뉘며 연도의 배연구가 2개 또는 3개인 세부적인 차이도 나타나고 있다. 그런데 평가마는 청양 왕진리 A지구가마터의 제4호가마와 같이 소성부 바닥에 골이 나있는 토대가 설치된 구들식도 처음으로 확인되어 가마의 구조를 연구하는데 좋은 자료가 되고 있다.

그리고 백제가마에서 생산된 제품의 수급(需給)관계는 복수체계(複數體系)를 이루고 있다. 각 가마에서 생산된 수막새와 문자기와 그리고 전돌 등의 수요처를 살펴 본 결과 여러 곳의 절터와 유적지에서 확인되어 복수공급의 형태를 취하고 있음을 알 수 있다. 그리고 백제가마의 조업실태는 와도겸업이 위주가 되고 있다. 부여지방의 여러 가마에서 생산된 제품은 기와류가 주체이지만 토기나 벼루, 그리고 토관 등이 함께 번조(燔造)된 와도겸업요의 특성을 지닌 생산체제임을 알 수 있다.

백제의 요업권(窯業圈)은 부여의 정동리가마터와 왕진리가마터 그리고 정암리가마터 등 3개의 지역군으로 나누어져 활발하게 조업활동이 이루어지고 있었음을 알 수 있다. 그런데 이 가마터들은 가마의 구축이 용이한 지형에 따라 A · B · C지구 등 몇 지구로 다시 세분되어 폭넓은 가마단지를 이루고 있었다. 그런데 이 가마 가운데 정동리 A지구가마가 웅진시기에 개요(開窯)되어 사비시기의 요업활동을 이끌었다고 할 수 있는데, 그 수요처가 부여에서 멀리 떨어진 공주의 무령왕릉과 송산리6호분에서 확인되어 중요시되었다. 그리고 3개요업권으로 대표되고 있는 정동리가마터와 왕진리가마터 및 정암리가마터 등이 가마의 입지조건을 잘 갖추고 있는 금강의 강안 부근에 축조되었다는 점도 주요한 특색이 되고 있다.

맺는 글

백제의 와전은 한성시기부터 제작되었다. 한성시기에는 암·수키와를 비롯하여 초화·수목·원(圓)·능형·연꽃 등의 다양한 무늬가 배치된 수막새가 약간씩 제작되어 사용되었다. 그런데 이와 같은 여러 종류의 수막새가운데 수목이나 원무늬가 배치된 수막새가 비교적 많으며 형식적인 변화도 상당히 있는 편이다. 그런데 원무늬수막새는 풍납토성과 몽촌토성 그리고 석촌동4호분과 석촌동수혈주거지 등 여러 유적지에서 출토되고 있기 때문에 당시에 꽤 성행했던 대표적인 막새형의 하나가 되고 있다. 그리고 부전돌과 민무늬전돌이 제작되어 건축부재로서 역할과 기능을 하고 있다.

한성시기에는 수막새에 배치된 수목이나 원무늬의 의장이 독특하다. 수목무늬는 네그루의 수목을 막새면에 십자모양으로 배치하고 있는데 나무가지에 열매가 매달린 것도 있어서 길상적인 의미로 채용된 것이 아닌가 생각되고 있다. 그리고 원무늬는 막새면을 'T'자 모양의 선각으로 4구획한 다음, 그 사이 사이에 작은 원무늬를 배치하고 있는데,

그 기하학적인 구도와 제작기법을 통하여 중국 한(漢)의 직전양식인 낙랑기와의 영향을 약간이나마 짐작할 수가 있다. 그런데 이와 같은 한성시기의 독특한 수막새양식은 웅진시기까지 계승되지 못하고 곧 바로 단절되고 있음을 알 수 있다.

웅진시기의 백제와전은 한성시기의 와전과 전혀 다른 모습으로 제작되기 시작하여 독특한 양식적인 발전을 이룩하게 된다. 백제는 웅진시기에 이르러 중국 남조인 양(梁)의 영향을 받아 제작된 새로운 와전형이 주류를 차지하게 되면서 한성시기의 기와전통을 대체하게 되고 독자적인 막새형의 성립을 비로서 맞이하게 된다.

웅진시기에 제작된 수막새에는 모두 연꽃무늬가 배치되고 있다. 그런데 연꽃무늬는 꽃잎 안에 장식이 전혀 없는 소문단판(素文單瓣) 양식으로 꽃잎 끝에 나타난 반전수법에 의하여 다양한 형식변화와 독특한 아름다움을 찾아 볼 수가 있다. 연꽃잎 끝의 반전수법은 판단융기형과 판단장식형으로 대별되고 있는데, 웅진시기에는 판단융기형과 함께 판단장식형의 하나인 원형돌기식이 나타나기 시작하여 약간의 변화를 거치면서 사비시기 초까지 계승되고 있다. 그런데 원형돌기식은 수막새에 배치되고 있는 연꽃잎 끝의 중심부에 조그만 주문이나 둥그런 소돌기가 달려 있는 반전수법을 형식화한 것으로, 웅진시기 뿐만 아니라 사비시기 초까지 가장 유행한 대표적인 막새형이 되고 있다. 그런데 그 성립배경에는 6세기 초반경에 축조된 무령왕릉의 묘전돌인 연꽃무늬전돌과 깊은 관련을 갖고 있음을 알 수 있다.

백제는 사비시기에 이르러 도성 내외에 궁궐과 많은 사원 및 산성이 새롭게 조영되면서 기와의 수요가 급증하게 되고 이의 제작도 본격화하게 된다. 사비시기의 수막새는 6세기 중반까지 웅진시기의 전통을 이어 받아 원형돌기식의 수막새가 주류를 이루었으나, 그 이후부터는 삼각돌기식의 새로운 막새형이 출현하게 되어 이를 곧바로 대체하게 된다. 삼각돌기식은 수막새에 배치되고 있는 연꽃잎 끝의 중심부가 삼각형으로 변형되어 반전되어 있거나 그 끝에 삼각형상의 돌기가 장식되고 있는 것을 형식화한 것으로 6세기 중반경부터 제작되기 시작하여 서기 600년을 전후하여 매우 성행하게 된다. 따라서 삼각돌기식은 원형돌기식과 더불어 백제에서 가장 유행한 대표적인 와당형으로 부드럽고 단아한 백제적인 특성을 잘 나타내 주고 있다.

백제의 수막새는 서기 600년을 전후하여 새로운 전환을 맞이하게 된다. 수막새에 배치되고 있는 연꽃잎 끝이 구부러져 각을 이루고 꺾이면서 소엽상(小葉狀)으로 반전되고 있는 곡절소판형이 나타나게 된다. 곡절소판형은 연꽃잎 끝이 곡절(曲折)되기 때문에 꽃잎 안의 볼륨이 원형 또는 타원형으로 돌출되게 되고 꽃잎을 감싸는 화륜권(花輪圈)이 점차 나타나게 됨으로써 연꽃의 꽃모양이 크게 변화하게 된다. 따라서 연꽃잎 안에 판육자엽(瓣肉子葉)이 형성되어 소문단판에서 유문단판(有文單瓣)으로 전환되게 되는 주요한 계기를 맞이하게 된다. 그리고 7세기 초반경이 되면 백제의 와전은 연꽃잎 안에 꽃술이나 인동 등의 자엽이 새겨지면서 새로운 장식성을 보이기 시작하는데, 당시의 이와 같은 장

식적인 경향은 와전 뿐만이 아니라 백제문화의 전반에 걸쳐 새롭게 나
타나는 또다른 전환성으로 이해되고 있다.

　백제의 전돌은 한성시기에 부전돌로 민무늬전돌이 이미 제작되었다.
문양전돌은 웅진시기에 이르러 무령왕릉이나 송산리6호분과 같은 전
실분의 축조용으로 연꽃무늬와 동전무늬가 배치된 묘전돌이 제작되게
되었다. 그리고 부여로 천도한 사비시기에 궁성이나 사원에 사용되는
약간의 부전돌과 외리유적에서 출토한 문양전돌이 제작되어 백제적인
특색을 잘 보여주고 있다. 무령왕릉에서 출토된 연꽃무늬묘전돌은 당
시에 새롭게 출현한 연꽃무늬수막새와 관련되고 있어서 그 성립배경을
살필 수가 있다.
　그리고 송산리6호분에서 출토된 ‘양관와위사의(梁官瓦爲師矣)’명이
새겨진 문자전돌은 그 제작에 따른 중국 양과의 문화교류를 파악할 수
있으며, 무령왕릉에서 출토한 ‘사 임진년작’(士 壬辰年作)명의 문자전
돌을 통하여 왕릉의 축조시기가 서기 512년으로 간주되고 있어서 백제
와전의 편년설정에 매우 중요시되고 있다. 그리고 사비시기의 문양전
돌은 외리유적과 군수리절터에서 출토된 것이 대표적이며, 표면에 배
치된 무늬의 장식성과 회화적인 의장성을 통하여 7세기 초반경의 백제
문화의 특성을 잘 살필 수가 있다.

　백제계기와는 신라와 일본에서 각각 제작되고 있는데, 이것은 당시의

문화적 상관관계를 살펴볼 수 있는 중요한 자료가 되고 있다. 그런데 백제계기와는 백제의 영향을 직접 받은 직전양식과 백제적인 요소를 반영한 새로운 유형의 막새형으로 구분되고 있는데 그 제작시기와 수용의 차이에서 비롯된 것으로 보인다.

백제의 영향을 받아 제작된 신라의 기와는 6세기 초반부터 제작되기 시작하여 통일신라 초기인 7세기 후반까지 계속된 것으로 보인다. 백제의 영향을 직접 받아 제작된 직전양식은 판단장식형인데 원형돌기식이 대부분을 차지하고 있다. 직전양식인 원형돌기식은 경주의 월성 해자와 물천리가마터에서 출토되고 있는데, 물천리가마터에서는 모골흔적이 남아 있는 암키와가 출토되어 백제의 직접적인 조와술(造瓦術)의 파급을 알 수 있다. 그런데 신라의 원형돌기식은 7세기 전반부터 신라화된 의장을 보이면서 약간씩 변화하고 있는데, 이와 같은 막새형은 백제계라는 계통성보다는 백제적인 요소를 지닌 또다른 유형임을 알 수 있다.

그리고 백제의 영향을 받은 신라의 삼각돌기식은 6세기 후반부터 제작되고 있는데 자료가 적은 편이다. 그런데 통일신라 직후에 조영된 경주 안압지에서 백제의 영향을 직접 받은 삼각돌기식이 많이 출토되어 주목받았다. 그런데 이 기와는 백제가 멸망한 이후에 백제의 와공이 직접 참여하여 제작한 것으로 추정하고 있어서 통일신라 초기의 또 다른 조와(造瓦)의 배경을 살필 수가 있다. 그리고 신라의 곡절소판형은 통일신라 초기에 약간씩 제작되고 있는데 백제의 곡절소판형과 약간 다른 모습을 하고 있다.

  백제계 일본기와는 나라 아스카데라[飛鳥寺]의 조영과 함께 제작되기
시작하였다. 『일본서기』에 의하면 서기 588년에 백제에서 파견한 네
명의 와박사에 의해 제작된 아스카데라의 창건기와가 일본에서 가장
오래된 기와로 백제의 직전양식에 속하고 있다. 그런데 백제계 일본기
와는 판단장식형 가운데 원형돌기식과 삼각돌기식이 주류를 이루고 있
는데 그 제작시기는 아스카데라의 창건기와인 삼각돌기식이 앞서고 있
다. 그리고 백제의 곡절소판형에 가까운 막새형도 약간씩 제작되고 있
다.
  삼각돌기식의 일본기와는 나라의 아스카데라를 비롯하여 사카타데라
[坂田寺]와 도유라데라[豊浦寺], 교토의 고마데라[高麗寺] 등지에서 출
토되고 있는데 초기의 것은 연꽃무늬의 꽃잎수가 10엽임이 특이하다.
당시의 백제기와는 연꽃무늬의 꽃잎수가 8엽이 위주가 되고 있는데 일
본에서는 제작 초기부터 꽃잎수의 증가를 보이고 있다. 그런데 일본에
서는 곧바로 8엽의 연꽃무늬가 배치된 삼각돌기식도 제작되고 있음을
알 수 있다. 삼각돌기식의 일본기와는 출토지가 대부분 긴키(近畿)지방
에 한정되고 있는데 6세기 말부터 7세기 초반까지 백제의 직전양식으
로 제작되고 있음을 알 수 있다.
  원형돌기식의 일본기와는 삼각돌기식보다 약간 늦은 7세기 초부터 제
작되기 시작한다. 나라의 아스카데라에서는 11엽과 9엽의 연꽃무늬가

배치된 삼각돌기식이 출토되고 있다. 그런데 나라의 호류지[法隆寺]와 오사카의 시텐노지[四天王寺]에서는 이의 창건와당으로 서로 동범기와의 관계에 놓인 수막새가 출토되어 백제와의 관련이 주목되고 있다. 이 수막새는 꽃잎 끝에 원형돌기가 달려 있는 8엽의 연꽃무늬가 배치되고 있는데 매우 정제되고 있다. 그러나 원형돌기식은 7세기 후반경이 되면 백제적인 요소를 지닌 일본적인 의장으로 점차 변화하게 된다. 그리고 일본에서는 백제의 곡절소판형에 가까운 수막새도 제작되고 있는데 긴키지방 이외에 규슈지방을 중심으로 하쿠호[白鳳]시대부터 나라[奈良]시대 초기까지 매우 성행했음을 알 수 있다.

백제의 와전은 동아시아에 있어서 매우 중요한 위치를 차지하고 있다. 백제의 와전형은 웅진시기에 정형화를 이룩하여 백제적인 특성을 잘 나타내고 있는데, 당시의 신라나 일본에 직접적인 영향을 끼쳐 백제계통이라는 또다른 유형으로 계승되고 있다. 따라서 이와 같은 백제계 기와를 통한 대외의 문화교류와 개방성도 백제문화의 주요한 특색의 하나가 되고 있다.

백제의 수막새는 무늬가 장식되지 않는 소문단판양식이 대부분을 차지하고 있는데, 연화색을 띠고 있는 색조와 함께 소박한 아름다움이 엿보이고 있다. 백제의 수막새는 연꽃잎의 볼륨에 의한 곡면상(曲面狀)과 반전수법을 통하여 부드럽고 단아한 백제기와의 특색을 살펴볼 수가 있다. 그리고 파무늬수막새와 외리유적에서 출토한 문양전돌을 통하여 당시 사람들의 예술적인 감각이 잘 발휘된 생동하는 회전감과 함께 부드러운 율동감을 또 느낄 수가 있다.

백제의 와전은 부드럽고 단아하다. 규모가 크지도 않고 꽃잎 안에 장식이 거의 없는 소박함도 지니고 있다. 그런데 이와 같은 백제기와의 특성은 백제사람들의 따스하고 부드러운 심성이 기와를 통하여 잘 반영된 결과라고 할 수 있을 것이다.

참고문헌

『백제와전도록』, 백제문화개발연구원, 1983

『백제와당특별전』, 국립공주박물관, 1988

『특별전 백제의 와전』, 국립부여박물관, 1989

안승주 · 이남석, 『공산성 백제추정왕궁지 발굴조사보고서』, 공주사범
　　　대학박물관, 1987

『몽촌토성』, 김원용 · 임효재 · 박순발, 서울대학박물관, 1988

김성구 · 신광섭 · 김종만, 『부여 정암리가마터(Ⅰ)』, 국립부여박물관,
　　　1988

신광섭 · 김종만, 『부여 정암리가마터(Ⅱ)』, 국립부여박물관, 1992

『부소산성』, 국립문화재연구소, 1996

『신라와전』, 국립경주박물관, 2000

『능사(陵寺)』, 국립부여박물관, 2000

『풍납토성』, 국립문화재연구소, 2001

『유창종기증 기와 · 전돌』, 국립중앙박물관, 2002

이은창, 『청양 관현리와요지』, 대전보건대학박물관·청양군, 2002

박용진, 「백제와당의 체계적 분류」『백제문화』 9, 공주사범대학부설 백
　　제문화연구소, 1976

김성구, 「부여의 백제요지와 출토유물에 대하여」『백제연구』 제21집,
　　충남대학교 백제연구소, 1990

김성구, 「백제의 와전」『백제의 조각과 예술』, 공주대학교박물관, 1992

김성구, 「고대 동아시아의 와당예술」『유창종 기증 기와·전돌』, 국립
　　중앙박물관, 2002

『古代の瓦』, 至文堂, 1971

『飛鳥白鳳の古瓦』, 奈良國立博物館編, 東京美術, 昭和 45年

『埋藏文化財 ニュース』40, 奈良國立文化財研究所, 1983

『四天王寺古瓦聚成』, 四天王寺文化財管理室編, 柏書房, 1986

『九州古瓦圖錄』, 九州歷史資料館編, 柏書房, 昭和 56年

『法隆寺の至寶』, 小學館, 1992

모리이쿠오(森郁夫), 『日本古代寺院造營の硏究』, 法政大學出版局,
　　1998